Über dieses Buch Der »wilde« Psychoanalytiker Georg Groddeck (1966 bis 1934) gilt als einer der Pioniere der psychosomatischen Medizin, ob zu Recht oder nicht, darüber streiten die Gelehrten noch. Bekannt geworden ist der Baden-Badener Kur-Arzt durch sein ›Buch vom Es‹, das selbst auf den Psychoanalyse-Begründer Sigmund Freud inspirierend gewirkt hat. Die Aufsätze in diesem Band zeigen Groddeck als einfallsreichen und wagemutigen Arzt und als originellen Formulierer. Seine Gedanken über psychoanalytische Fragestellungen, über Gesundheit und Krankheit, über Körper und Seele und ihre geheimen Verbindungen, über alle möglichen Einfälle und Entdeckungen, zu denen ihm seine jangjährigen praktischen Beobachtungen geführt haben, fesseln auch den heutigen Leser durch ihre Originalität und ihre Vielfalt an anregenden, weiterführenden Gedanken, die gar nichts Schulmedizinisches haben. Groddecks Gedankenwelt gilt es noch zu entdecken und auszuleuchten. Es ist nicht frei von Widersprüchen und zum Teil kaum nachzuvollziehenden Sprüngen. Groddeck ist häufig mißverstanden, idealisiert und verketzert worden; sein Bild schwankt in der Psychotherapie-Geschichte. Diese Aufsatz-Sammlung kann zur Klärung beitragen.

Der Autor Walter Georg Groddeck, 1866 als Sohn eines Arztes in Bad Kösen geboren, gestorben 1934 in Baden-Baden, ging bei Ernst Schweninger in die Schule. Wie sein Lehrer wollte er zeit seines Lebens nicht Krankheiten »reparieren«, sondern die Lebensweise von Kranken ändern. Entscheidend für seinen Weg als Arzt war die Begegnung mit der Psychoanalyse Sigmund Freuds, den er bewunderte und dessen Anerkennung ihm wichtig war. Ab 1900 leitete er in Baden-Baden ein eigenes kleines Sanatorium. Als Fischer Taschenbuch liegen noch die folgenden Bände Groddecks vor: ›Krankheit als Symbol‹ (Nr. 6396); ›Die Natur heilt‹ (Nr. 6776).

Georg Groddeck

VERDRÄNGEN UND HEILEN

Aufsätze zur Psychoanalyse und zur psychosomatischen Medizin

Fischer Taschenbuch Verlag

Ungekürzte Ausgabe
Veröffentlicht in der Fischer Taschenbuch Verlag GmbH,
Frankfurt am Main, Mai 1988
Lizenzausgabe mit freundlicher Genehmigung des
Limes Verlages, Wiesbaden
Die Aufsätze sind dem im Limes Verlag, Wiesbaden,
erschienenen Band »Der Mensch und sein Es« entnommen
Umschlaggestaltung: Jan Buchholz / Reni Hinsch
Satz: Friedrich Pustet, Regensburg
Druck und Bindung: Clausen & Bosse, Leck
Printed in Germany
ISBN 3-596-26791-9

INHALT

NACHLUST UND NACHBEWUSST

In Theorie und Praxis der Psychoanalyse spielt das Wort – mitunter auch der Begriff – „Vorlust" eine Rolle. Wer sich dieses Wortes bedienen will, tut gut daran, sofort den Gegensatz „Nachlust" zu assoziieren und ihn bereitzuhalten, solange er mit dem Wort „Vorlust" operiert. Ferner muß er bedenken, daß Vorlust, Lust und Nachlust gleichwertig sind. Die Idee, daß sexuelle Vorgänge in Kurvenform verlaufen, ist eine Hypothese, mit deren Hilfe man sich vieles klarmachen kann. Mehr als das ist sie nicht, sie hat nichts mit der Wahrheit zu tun, sondern mit der Erforschung der Wahrheit und unter Umständen ist sie für den Forscher ebenso hinderlich, wie es etwa für einen Botaniker hinderlich wäre, das Dampfschiff seiner Ozeanreise mit in den Urwald zu schleppen. Besonders für die Betrachtung und Wertung des genitalen Vorgangs, den zu überschätzen oder zum mindesten als etwas Besonderes, abseits von anderem Stehendes anzusehen jedweder sowieso geneigt ist, wird die Vorstellung der Kurve mit ansteigender Vorlust und abfallender Nachlust mitunter verhängnisvoll. Es entsteht dann die Ansicht, daß die Ejakulation, der Orgasmus die Hauptsache oder gar das Ziel des Aktes sei. Das ist falsch. Der Akt ist der Weg zu einem Ziel, einer von vielen Wegen; das Ziel aber ist, wie es sich aus dem Sprachgebrauch – Selbstbefriedigung – herauslesen läßt, der Friede. Den kann man sich ja verschieden vorstellen, etwa als Schlaf, Tod, Mutterschoß, Samenexistenz im Hoden und Eierstock, oder als Verdoppelung der Kraft, Neugeborensein, Auferstehung und Leben. Für die Forscher aber, die durchaus die Vorstellung einer Kurve beim genitalen Akt mit Anstieg, Gipfel und Abstieg nicht loswerden können, muß ausdrücklich gesagt werden, daß dieser erdachte Gipfel verhältnismäßig selten mit dem Moment des Orgasmus, der Ejakulation zusammenfällt, daß er mindestens ebensooft in der Periode der sogenannten Vorlust oder Nachlust liegt. Wer diese Erkenntnis von sich weist, versperrt sich selber den Einblick in weite und wichtige Lebensgebiete des gesunden und kranken Menschen. So wird ihm zum Beispiel der Begriff Perversion nur allzu leicht zur

Bezeichnung für etwas Krankhaftes, er wird blind dafür, daß das Leben eine ununterbrochene Kette von Perversionen ist, daß speziell der Geschlechtsakt in seinem Verlauf alle erdenkbaren Perversionen enthält und daß heute der Anblick eines Frauenschuhs, morgen das Durchblättern eines Wäschekatalogs, übermorgen das Öffnen eines Hosenstalls oder das Schürzen eines Kleides die von der Libido betonten Punkte sind, an die sich gewissermaßen automatisch die weitere Linie des Begattungsaktes anschließt, die dann schon in die Nachlust gehört. Er wird von Sodomie sprechen, als ob das etwas Besonderes wäre und ganz verdrängen, daß er selber erst vor wenigen Stunden den stolzen Gang eines Pferdes oder den Hochzeitsflug eines Bussards bewundert hat und daß sich diese verdrängte, vertierte oder sublimierte Erregung in irgendeiner Form sexuell und genital Bahn bricht, kurz er wird das sein, was er als Arzt so wenig als möglich sein darf, moralisch. Solch ein Arzt, der in seiner Verdrängungsnot sich das bißchen Wonne des Samenergusses als das Wesentliche des geheimnisvollen Eros vorstellen möchte, wird nie einsehen, daß die Wörter „Regression“, „Fixation“, „Sublimierung“ und wie sie alle heißen mögen, Bezeichnungen für normale Lebensvorgänge sind, die nur unter Vorbehalt für die Schilderung des Kranken verwendet werden. Er wird infolgedessen auch nicht entdecken, daß viele, die in ihren psychoanalytischen Schriften solche Ausdrücke verwenden, selber nicht Bescheid wissen, daß sie zwischen der ersten und zweiten Druckseite einen komplizierten Verdrängungsvorgang zustande bringen, um das, was sie zunächst normal nannten, krankhaft nennen zu können, daß sie statt zu analysieren, moralisieren, aus Ärzten Richter werden, und er wird wortgläubig nachbeten, was innerlich Ungläubige vorbeteten.

Man ist seit Jahren damit beschäftigt, die Psychoanalyse zu systematisieren. So bedauerlich ich das auch finde – denn Systeme sind Schranken – so sehe ich doch die Notwendigkeit dieses Vorgangs ein, da der Mensch durch sein Menschsein zum Systematisieren gezwungen ist. Wohl dem, dem ein gütiger Gott Mißtrauen gegen fremde und eigene Systeme mitgegeben hat. Er wird auch dann Unheil genug stiften, aber er wird sich wenigstens bewußt sein, daß er ein Bösewicht ist, und er wird versuchen zu lavieren und hie und da etwas in das System einzuschmuggeln. So möchte ich es mit dem Wort „Nachlust" tun.

Auf die Gefahr hin bei den Verstehenden ein Lächeln, bei den Mißverstehenden Hohnlachen hervorzurufen, begebe ich mich an die Definition zunächst nur des genitalen Vorgangs, bemerke aber dabei, daß ich die Definition für alle sexuellen das heißt menschlichen Vorgänge für richtig halte, soweit ich überhaupt etwas für richtig halte.

Der Geschlechtsakt kann als in drei Teilen verlaufend gedacht werden, die als Vorlust, Lust und Nachlust bezeichnet werden mögen. Als Lust ist der betonte Punkt aufzufassen, der nur selten mit der Ejakulation zusammenfällt. Was zeitlich davor liegt, ist die Vorlust, was zeitlich danach geschieht, ist die Nachlust. – Es können mehrere Lustpunkte da sein, also auch mehrmals Vorlust und Nachlust eintreten. – Die Zeitdauer dieser Phasen wechselt, ebenso wie der Wert der Phasen für das Interesse des Arztes wechselt. – Da die Phase der Nachlust bisher überhaupt nicht oder nur beiläufig beachtet worden ist, so verdient sie augenblicklich das Interesse der Psychoanalytiker am meisten. – Die zur Zeit wichtigste Form der Nachlust ist die Unlust, die sich in dem dummen Sprichwort kundgibt: Omne animal post coitum triste. – Es ist wünschenswert, daß die Männer erfahren, wie wichtig die Nachlust für die Frau ist und daß sie häufig andre Formen hat als die des Mannes, daß die Zeit nach dem Orgasmus unverhältnismäßig oft für die Frau der genußreichste Teil des Verkehrs ist, daß ein zu frühes Verlassen ihres Betts ein Diebstahl an ihrer Lust und eine unverzeihliche Beleidigung ist. Es ist wünschenswert, daß die Frauen erfahren, wie eng die Nachlust des Mannes mit seinem Kindsein und seinem Mutterkomplex zusammenhängt, daß also seine alberne, auf Unkenntnis und Dummheit beruhende Gewohnheit, sich sofort nach der Ejakulation auf die andre Seite zu legen und zu schlafen weder Geringachtung noch Mangel an Gemüt bedeutet, sondern eine häufige Form der Nachlust ist, eben die Gewißheit bei der Mutterimago zu sein und keine Sorgen zu haben. Es ist ein – wenn auch ungeschicktes – Kompliment. Es ist wünschenswert, daß die Psychoanalytiker Ernst mit ihrer Lehre machen und ihren Glauben daran durch die Einsicht betätigen, wie groß die Bedeutung der Nachlust für den Mann ist, da sie in der schweren Verdrängungsform der Unlust auftritt. Es macht auch hier, wie so oft den Eindruck, als ob die Psychoanalyse den Ödipuskomplex – denn der verursacht diese Unlust – vergessen will. Die Folgen solcher Kenntnisse für den Verlauf der Ehe und für eventuelle Erkrankungen werden nicht ausbleiben.

Ich versage mir das Vergnügen nicht, diese Mitteilung mit der Frage zu beschließen, warum die Ejakulation allgemein überschätzt wird. Ich bin geneigt anzunehmen, daß dafür der Glaube an den Fortpflanzungstrieb in einer verdrängten Form verantwortlich ist, daß selbst die freien Geister eine Entschuldigung für den Genuß brauchen. Nachdem man die Idee, daß das Kindermachen das Vergnügen entsühne und heilige, mit der Mistgabel fortzujagen versucht hat, ist man froh die Gouvernante Moral in Männerkleidern wieder bei sich zu sehen. Difficile est satiram non scribere.

Es wäre vielleicht besser gewesen, statt des Worts Vorlust den Ausdruck „vorbewußte Lust" zu wählen, der dann durch die Assoziation „bewußte Lust", „nachbewußte Lust" zu ergänzen wäre. Aber wenn man etwas aus der Geschichte der Psychoanalyse lernen kann, so ist es das, daß ein Begriff, sobald er benannt ist, die Neigung hat, Wort zu werden, das heißt ein Hindernis für die Erkenntnis. Mir kommt es so vor, als ob unsre Behandlungsmethode – die Psychoanalyse – schon jetzt an vielen Stellen solche Wortschranken habe. Immerhin ist es für den oder jenen nützlich, auch bei der Lustfrage der Tatsache eingedenk zu bleiben, daß Freud bestimmte Vorgänge für wichtig genug gehalten hat, um sie mit einem eignen Etikett „vorbewußt" kenntlich zu machen.

Damit komme ich auf den eigentlichen Zweck meines Schreibens. Wenn man von einem Vorbewußten spricht, muß man sich auch einmal des Worts „nachbewußt" bedienen. Ich würde mich freuen, wenn ich mich irrte, aber ich habe den Verdacht, daß bei einer großen Zahl der Psychoanalytiker die Neigung besteht, den Vorgang des Bewußtwerdens mit dem Vorgang des Heilens in Verbindung zu bringen, daß bei weitem die Mehrzahl der Kranken so denkt, weiß ich. Tatsächlich steht der Heilungsvorgang nur in sehr lockeren Beziehungen zu dem Bewußtwerden. Die Heilung geht ausnahmslos in den bewußtseinsunfähigen Schichten des Es vor sich. Das Bewußtwerden ist mitunter eine Phase dieses unserm Verständnis entzogenen Heilungsvorgangs; eine Phase, die ihrer Sichtbarkeit und Heftigkeit wegen leicht als die Heilung entscheidend imponiert. Weit häufiger aber gelangen die Wellen des Heilungsvorgangs nur bis in die Regionen des Vorbewußten, am häufigsten treiben sie unbemerkt in der Schicht des Unbewußten, des Verdrängten ihr Wesen. Der Heilungsvorgang selbst ist und bleibt bewußtseinsunfähig, wir erfahren davon nur das Resultat, die Heilung.

Die Beschäftigung mit diesen Fragen ist auch deshalb so wichtig, weil häufig trotz des Bewußtwerdens eines Komplexes die Heilung nicht eintritt. Das Bewußtwerden hinterläßt dann keinerlei Spuren im Verlauf der Erkrankung. Aber selbst wenn scheinbar das Bewußtwerden einmal Bedeutung hat, stellt sich bei näherem Zusehen heraus, daß das Bewußtgewordene wieder im Unbewußten versinken kann und doch die Heilung eintritt. Ja man kommt schließlich zu dem Resultat, daß die Heilung sehr selten mit dem Bewußtwerden zusammenfällt, vielleicht nie. Und von diesem Gesichtspunkte aus betrachtet, halte ich es für gerechtfertigt, den Begriff „Vorbewußt" durch den Begriff „Nachbewußt" zu ergänzen.

Um möglichst deutlich zu sagen, was ich meine, wiederhole ich: Der Heilungsvorgang spielt sich in den bewußtseinsunfähigen Schichten des Es ab. Wir wissen nicht das mindeste über ihn, nicht einmal das, ob wir fähig sind, ihn zu beeinflussen. – Die Wellen, die er erregt, schlagen ab und zu bis an die Region des Bewußten. Ob das einen großen Wert für den Heilungsvorgang hat, wissen wir meist noch nicht. – Weit häufiger beruhigen sich diese Wellen, falls sie überhaupt so weit gelangen, in der Region des Unbewußten, Verdrängten. Unter Umständen scheinen sie bis in das Bewußtseinsfähige zu gelangen, andere Male bis in das Vorbewußte. Gelingt das Bewußtwerden, so ist damit noch nichts über das Resultat gesagt; das Es läßt die Heilung im zeitlich und örtlich Nachbewußten eintreten.

Die Psychoanalyse ist eine Methode der Praxis. Wer unter den Praktikern mit dem Wort „vorbewußt" arbeitet, hat die Verpflichtung, auch an das Nachbewußte zu denken. Für die Praxis ist das Wort „nachbewußt" ebenso wichtig als das Wort „vorbewußt".

(BIER, KIRSCHEN UND SAURE MILCH)

Vom Kurgarten her tönen die Klänge von Wagners Rheingold. Eine wirre Masse von Erinnerungen taucht auf. Zunächst mein ältester Bruder, der aus einem Fäßchen Köstrizer Bier auf Flaschen zieht und dazu mit froher Stimme das Schwertlied Siegfrieds singt. Es war die Zeit nach dem finanziellen Zusammenbruch der Bayreuther Festspiele, als Angelo Neumann mit dem Ring des Nibelungen auf den deutschen Bühnen hausieren ging.

Nun ändert sich die Szene: der Vorgarten des Elternhauses erscheint mit seiner hohen und breiten Akazie, unter der der Abendbrottisch gedeckt wird. Saure Milch in tiefblauen Glasschalen steht da, Bauernschwarzbrot und Wurst, dagegen fehlt Butter: mein Vater behauptete, es sei verfaulte Milch, und meine Mutter machte sich diese Schrulle des Gewaltigen zunutze, um zu sparen. Da wir Kleinen noch nicht ahnten, wie arm die Eltern durch den Krieg geworden waren, vielmehr des Glaubens lebten, der Dr. Groddeck sei der Reichste im Lande, nahmen wir den Mangel für einen Vorzug: vornehme Leute nehmen weder Butter noch Zukker. Noch andere leckere Dinge standen auf dem Tisch: zwei tönerne Flaschen süßen, schäumenden Kösner Weißbieres und Schüsseln mit Ammern und Herzkirschen. Wir sollten wählen, denn Mama war der Ansicht, daß Bier, Kirschen und saure Milch nicht gleichzeitig in den Magen kommen dürften. Zum Glück erschien der Vater, der selbst gern Kirschen und saure Milch aß – Bier war für ihn auch verfault – und der erklärte kraft seines ärztlichen Wissens und aufgrund eigener Begehrlichkeit das Mischen all dieser Herrlichkeiten für bekömmlich; er hatte etwas von der Kühnheit meines späteren Lehrers Schweninger, der zu sagen pflegte: ein ordentlicher Mensch muß Kieselsteine verdauen können, und wer sich nicht von Kieselsteinen nähren kann, taugt nichts; und dabei funkelten seine guten braunen Augen lachend unter der Brille hervor, während der Mund streng gebieterische Worte sprach und die riesige Hand, riesiger als sie sonst Sterblichen beschert ist, dabei wie keine andere fest und weich zugleich, eine Hand wie sie nur Asklepius selber haben kann, während er diese Hand auf seine Brust legte, als ob er sein ungeduldig hilfsbereites Herz festhalten müsse. In seinem Buch über den Arzt findet sich eine Stelle, wo er über die Hand des Arztes spricht: wer sie nicht kennt, möge sie lesen.

Meines Vaters Hand war schön und wohlgepflegt, nicht solche Raubtierpranke, wie die Natur sie mir mitgab. Wenn er besonders vergnügt war, trommelte er damit die Melodie von Feinsliebchen mein unter dem Rebendach, die einzige, die ihm außer dem Dessauer Marsch geläufig war. Aus jener Zeit der Abendmahlzeiten unter dem Akazienbaum erinnere ich mich noch seiner Hand; er trug die Lampe fort, um mit dem Lichtschein eine Hornisse hinter sich herzulocken, die sich auf den Nacken meiner Schwester niedergelassen hatte, und wir alle bewunderten ihn; wir wußten, wie sehr er sich vor Hornissen fürchtete. Er glaubte an die drei Hornissenstiche, die ein Pferd töten. An demselben Platz habe ich ihn noch einmal in Angst gesehen; eine Fledermaus umschwirrte uns, da war er der Ansicht, dies teuflisch beflügelte Wesen werde sich irgendeinem von uns in die Haare setzen. Wir waren eine abergläubische Familie, und ich meinerseits mache noch immer Kreuze, wenn ich Brot anschneide, klopfe dreimal unter den Tisch und sage: unberufen, und das Salzfaß gebe ich niemals jemandem in die Hand, weil dann Zank entsteht.

Das Bier taucht dann wieder in meiner Schulzeit in Pforte auf. Damals in den Jahren von 1878–1884 war das Leben des Alumnats noch ziemlich klösterlich; wir durften, wenn wir nicht zu große Sünder waren, sonntags für zwei Stunden die Klostermauern verlassen. Ich habe stets zu den Sündern gehört und wohl fünf Jahre von den sechsen meiner Internatszeit ohne Sonntagsspaziergang verbracht; was ich gesündigt habe, war nicht des Redens wert, ich habe geraucht, Karten gespielt, Tee gekocht, mich so oft wie möglich betrunken, bin über die Mauer geklettert,

„geprellt" wie der Schuljargon es nannte; vor allem war ich maßlos faul und ein geschworener Feind meiner Lehrer; wenn ich jetzt zuweilen die rührseligen Ergüsse lese, mit denen frühere Schulkameraden der Kerle – so wurden sie genannt – gedenken, wundre ich mich; in mir ist kein Funke von Dankbarkeit. Erst in der Prima bekam ich ein wenig mehr Bewegungsfreiheit. Freilich, des Sonntags wurde mir noch immer die Außenwelt versperrt. Aber wir Primaner hatten das Recht, zweimal in der Woche im „Turnus" auf anderthalb Stunden die Schulmauern zu verlassen, und das habe ich, getragen von meiner jungen Leidenschaft für den Herzensfreund, gründlich ausgekostet, bis wir beide eines Tages dieser Primanerfreiheit verlustig gingen. Wir hatten zu oft den großen Glasstiefel Lichtenhainer Bieres in unserer Kneipe unter dem dröhnenden Gebrüll von „Stiefel mußt sterben, bist noch so jung, jung, jung" geleert. „Bruder, deine Liebste heißt?" fragte der Rundgesang und ich, in der verachtungsvollen Unkenntnis von Weib und Weibesreiz hatte jubelnd den Namen von der Schwester meines Freundes genannt; freilich kannte ich sie nicht, aber was machte das aus? Da ich ihn liebte, mußte sie schön sein, liebte ich auch sie. Das hat sich später bei einem anderen Freund wiederholt. Kluge Analytiker behaupten, solche Leidenschaften für unbekannte Schwestern guter Freunde seien ein Zeichen verdrängter Homosexualität. – Nun, an jenem verhängnisvollen Tage schwerster Besoffenheit nahm meine Laufbahn als verworfener Schüler ein rühmliches Ende; ich hatte alle meine Mitschüler an Zahl und Schwere der Strafen unerreichbar überholt. In einem feierlichen Schriftstück, das von sämtlichen Lehrern und dem Provinzialschulrat unterzeichnet war – leider habe ich diese erste und fast einzige Anerkennung meiner Leistungen, die mir der Staat zuteil werden ließ, verloren – in diesem „offiziellen Protokoll", sagte ich, wurde meinen Eltern geraten, den verderbten Sohn von der Schule fortzunehmen. Wie sie das bei ihrer Armut hätten machen sollen, weiß ich nicht; glücklicherweise kam die Sache nicht zur Ausführung, da ich acht Wochen später, noch ehe mein Vater sich von seinem Schreck erholt hatte, mein Abiturientenexamen machte. Nachträglich hatte ich den Triumph, daß der Rektor der Schule dem Schulcoetus mitteilte, nun seien die schlechten Elemente aus der Schule fort, nun müsse ein neues Leben beginnen.

Aus den Ferienzeiten der Schule ist mir ein Abend in dem Hof der alten Patzenhofer Brauerei im Gedächtnis. Mein Vater, der damals mühselig als Kassenarzt ein wenig Geld verdiente und der, vielleicht um sich selbst und anderen zu beweisen, daß er Achtung vor seinem spät erworbenen Proletariertum habe, seine Meinung, daß Bier verfaultes Getreide sei, aufgegeben hatte, nahm uns drei Brüder dorthin in die Rosengasse mit. Es war ein langweiliges Vergnügen, da die Großen Zeitung zu lesen pflegten und ich darauf angewiesen war, die drei Blechbäume des Hofes mit den daran baumelnden frischen Kirschen anzustaunen und die oberbürgermeisterliche Würde zu bewundern, mit der der Kellner sich auf den Bierbauch klopfte, wenn er seine ständige Erzählung von der schönen Brauknechtzeit und dem Kosten des dickflüssigen Malzextrakts mit den Worten schloß: „das gibt Brust, Herr Doktor." An diesem Abend geschah es, daß mein Bruder entrüstet vom Klosett zurückkam: er sei von einem Kerl dort angesprochen worden. Aus der Entrüstung, mit der die Großen hinter einem schäbig gekleideten jungen Mann herschalten, wobei das mir unverständliche Wort: warmer Bruder fiel, entnahm ich, daß etwas Besonderes vorgefallen war. Das war meine erste Begegnung mit einem Homosexuellen und mit den Empfindungen, die der Begriff Homosexualität bei der modernen Gesellschaft auslöst. Allerdings waren mir die Liebeleien zwischen Knaben von der Schule her bekannt, man nannte sie dort Poussagen; aber daß es sich dabei um genitale Vorgänge handeln könne, war mir nicht in den Sinn gekommen, wie denn damals noch fast das gesamte Genitalleben bei mir verdrängt war. Und gar die Erkenntnis, daß der Haß gegen die männliche gleichgeschlechtliche Liebe – gegen die weibliche pflegt er nicht annähernd so groß zu sein – daß dieser Haß ein Maßstab der homosexuellen Triebstärke und des Kraftaufwandes der Verdrängung ist, wurde mir erst spät klar.

Meine zweite Begegnung mit dem Phänomen war über ein Jahrzehnt später: der Liebhaber einer wandernden Schauspielertruppe bat mich brieflich, mit ihm zusammenzutreffen. Mein Erstaunen war groß, als er mir seinen Liebesantrag machte und die Herrlichkeiten einer Liebesnacht mit mir schilderte. Weder Entrüstung noch Erregung empfand ich, ich hatte nicht das Gefühl, einem Perversen gegenüberzustehen, wie man es mir auf der Universität beigebracht hatte; sein Empfindungsleben erschien mir vollkommen natürlich, nur vermochte ich es nicht zu teilen. Ein Jahr später stieß ich bei Nietzsche auf eine Stelle, wo er – an seinem sonstigen Mut gemessen, zaghaft – über die Folgen der Ächtung männlicher Homosexualität in der christlichen Kultur spricht. Erst durch die erfolgreiche Behandlung, mit Hilfe deren meine Patienten aus mir einen Menschen gemacht haben, ist mir in vollem Umfange klar geworden, was Nietzsche gemeint hat. Ich halte jetzt die tiefe Verdrängung der Homosexualität für eine der Grundlagen der eigentümlich einseitigen europäischen Denkweise im guten und im bösen Sinne.

(DIE NATUR HEILT)

Vor fünfundsiebzig Jahren wurde am 15. Juni der Schöpfer der modernen medizinischen Wissenschaft, *Ernst Schweninger*, geboren. Wer den vor eineinhalb Jahren Verstorbenen persönlich kannte, weiß, daß wir nimmer seinesgleichen sehen werden. Aber was die Öffentlichkeit durch Nachrufe über ihn erfuhr, beweist, wie die Mitwelt oft unfähig ist, ein mit ihr lebendes Genie zu schätzen. Man rühmte ihn als den Arzt Bismarcks, als einen erfolgreichen, guten Arzt, und wer ein übriges tun wollte, nannte ihn der Wahrheit gemäß einen guten Menschen. Wenn ich von ihm sage: er war der Schöpfer der modernen medizinischen Wissenschaft, so muß ich das beweisen.
Wissenschaft ist nicht Gelehrsamkeit, ist nicht Wissen, sondern das, was Wissen schafft; ist die unentbehrliche Grundlage, auf der sich Wissen, Kenntnisse und Können aufbauen. Und ein Mann der Wissenschaft ist nur der, der solche Grundlage legt oder zum mindesten an dieser Grundlage arbeitet. Wer diesen Sinn des Wortes Wissenschaft begreift, verwechselt nicht ärztliches Wissen, die Summe anatomischer, physiologischer, diagno-

stischer oder therapeutischer Kenntnisse, mit ärztlicher Wissenschaft. Wenn jemand ein Mann der medizinischen Wissenschaft genannt wird, so heißt das: dieser Mensch hat das Wesen ärztlichen Denkens und Handelns entdeckt, den Grund und Boden gewissenhaft erforscht und gemäß diesem Boden und gemäß dem Zweck des Arztseins aus eignem Sinnen und Denken heraus einen Bauplan entworfen und Fundamente gelegt, an die sich die Bauführer so lange halten können, bis ein neuer, wirklich oder scheinbar, besserer Plan erdacht wird. Das Wesentliche am Schöpfer ärztlicher Wissenschaft ist also das Wissen um den Zweck des Arztes und das selbständige Denken und Arbeiten für diesen Zweck und schließlich, was das Wichtigste ist, das Gelingen dieser Arbeit.

Als ich vor fünfunddreißig Jahren Schweninger kennenlernte, hörte ich von ihm immer und immer wieder zwei Sätze, die er als Sinn des Arztens hinstellte: „Der Arzt behandelt, die Natur heilt" und „Nicht Krankheiten, sondern Kranke sind Gegenstand ärztlicher Behandlung". Es sind alte Wahrheiten, Binsenwahrheiten, über die es sich kaum lohnt zu sprechen: und doch waren sie dem, was sich Wissenschaft nennt, in Wahrheit aber totes Wissen ist, unbekannt, und doch hat Schweninger fast ein halbes Jahrhundert kämpfen müssen, um diesen Grundwahrheiten in der lebendigen Wissenschaft Geltung zu verschaffen. Der Kampf, den er zuerst allein, verhöhnt, verhaßt, beneidet, von allen verleumdet, geführt hat, ist zu seinen Gunsten entschieden; das Gebäude der Wissenschaft wächst auf dieser Grundlage. Aber daß wir anders denken, als die Lehrer der Wissenschaft es uns vor zwanzig Jahren noch zu lehren suchten, wissen nicht viele, so unmerklich ist alles vor sich gegangen; ja die meisten ahnen nicht einmal, daß wir alle wissenschaftlich mit dem Satz: „Die Natur heilt, der Arzt behandelt" arbeiten. Und kaum einem ist die Tatsache bekannt, daß Schweninger dieses Saatkorn säte, das nun tausendfältige Frucht trägt.

Um das zu begreifen, muß man wissen, was Schweninger damit meinte: Die Natur heilt. Für ihn war das Naturheilen nicht etwa das Verwenden eines Wickels oder des Sonnenlichts, einer naturgemäßen Kleidung, naturgemäßen Essens, Trinkens, Atmens,

Schlafens, Arbeitens oder Ruhens; all diese Dinge gehören nach seiner Lehre nicht unter den Begriff: Heilen, sie sind lediglich Behandlungsmittel, die zweckmäßig, je nach dem Dafürhalten des Arztes, angewendet werden können, aber ebensogut und mit dem gleichen Recht kann der Arzt und muß der Arzt Medikamente und Gifte, Impfungen und Operationen gebrauchen, sobald er glaubt, damit Hindernisse zu überwinden, die der Erkrankungswille des Organismus dem Genesungswillen dieses selben Organismus in den Weg legt. *Der Mensch heilt sich selbst.* Das ist der leitende Gedanke seiner Lehre. Innerhalb des Organismus spielen sich die Heilungsvorgänge ab. Das Heilen kann nicht von außen geschehen, der Organismus heilt selbstherrlich nach seinen eigenen, ihm persönlich eigentümlichen Gesetzen, die allerdings bis zu einem gewissen Grade durch die Möglichkeiten des allgemein Menschlichen bedingt sind. Wenn Schweninger die Worte: die Natur heilt, brauchte, so geschah es in einem anderen Sinne, als die Anhänger und Gegner der sogenannten Naturheilmethode dieses Wort gebrauchen und mißbrauchen. Es gab für ihn keine Heilmethode; jeder Organismus erkrankte und heilte nach seiner nur ihm eigentümlichen Methode. Er hatte begriffen, daß eine Wunde nicht deshalb heilt, weil sie verbunden wird, sondern weil der Organismus, das ist die Natur, aus irgendwelchen Gründen beschlossen hat, die Wunde heilen zu lassen. Für ihn gab es keine anderen Heilungen als Selbstheilungen. Und die gesamte Medizin, mit ihren Serum- und Toxinforschungen, mit ihren Hormon- und Konstitutionslehren, mit ihren Ideen von innerer Sekretion, Immunität, Bazillenträgern, Gesundheit und Krankheit, lebt und arbeitet auf dem Boden, den dieser im wahrsten Sinne des Wortes wissenschaftlich gedachte und wissenschaftlich erarbeitete Gedanke Schweningers geschaffen hat. Denn für jeden modernen Arzt ist der Begriff der Selbstheilung bewußt oder unbewußt die Voraussetzung seines Denkens und Handelns.

„Der Arzt behandelt", mit der Anerkennung dieses Satzes schrumpfen alle phantastischen Größenideen, die wir zu unserm, der Kranken und der Wissenschaft Unheil hegen, zusammen und machen der ruhigen, unpersönlichen, exakten Beobachtung Platz, soweit eine solche Beobachtung überhaupt möglich ist. Statt einer

Lüge sehen wir ein erreichbares Ziel vor uns, dem wir uns täglich mehr nähern können. Eine bestimmte Bahn ist damit abgesteckt, die niemand verlassen kann, ohne an der Wissenschaft Verrat zu üben. An diesen Satz glauben, nach ihm handeln und ihn mit Einsetzen seiner ganzen Persönlichkeit und mit so gewaltigem Erfolg lehren, ist nicht nur eine sittliche Tat, sondern eine wissenschaftliche ersten Ranges.

Es ist mir bekannt, daß das Wort: natura sanat, medicus curat nicht von Schweninger erfunden worden ist. Aber Schweninger ist der erste und jahrzehntelang der einzige moderne Arzt gewesen, der es als Ausgangspunkt, Schranke und Ziel der ärztlichen Wissenschaft anerkannt hat. Zum Dank dafür haben die offiziellen Wissenschaftler diesen hervorragend begabten und erfolgreichen Mann der Wissenschaft unwissenschaftlich genannt.

Nicht Krankheiten, sondern Kranke sind Gegenstand ärztlicher Behandlung. Man sollte denken, das sei so selbstverständlich, daß es nicht erst gesagt zu werden brauchte. Aber dem ist nicht so. Gewiß, der praktische Arzt, der es mit seinem Beruf ernst meint, vergißt niemals den Kranken über der Krankheit. Aber der offizielle Wissenschaftler, der in Wahrheit nur ein Gelehrter ist, einer, der etwas gelernt hat, kann dieses Wort nicht als maßgebende Formel wissenschaftlicher Arbeit anerkennen, denn die Gelehrsamkeit muß sich mit abstrakten Dingen beschäftigen, sie kann den Kranken nur so weit gebrauchen, als sich aus ihm der wesenlose unwissenschaftliche Begriff „Krankheit" destillieren läßt. Hie Krankheit, hie Mittel, mit solcher Gelehrsamkeit lassen sich Lehrbücher, Eselsbrücken schreiben; und solche muß es geben, da wir Menschen zu Zeiten alle, oft, ja meist Esel sind. Aber mit Wissenschaft hat die Gelehrsamkeit nur das zu tun, daß sie mitunter dem Mann der Wissenschaft nützlich, weit öfter freilich schädlich ist. Für die Wissenschaft, das eben wissen wir seit Schweninger, ist das Abstraktum Krankheit vorläufig unbrauchbar, weil sie vorerst den Kranken kennenlernen muß, und weil es vermutlich noch lange dauern wird, ehe sie das zustande bringt; um so länger, als sie dank den vorlauten Ansprüchen der Gelehrsamkeit noch kaum sich dieser dringenden Aufgabe bewußt ist. Nur langsam ringt sich die Erkenntnis durch, daß Kranksein eine

Lebensform bestimmter Individuen ist, nicht wesentlich anders als sonstige Lebensformen, wie etwa das Atmen, Essen, Bauen, Malen, Arbeiten, Schlafen, Gesundsein. Nach Schweninger ist die Erkrankung eine Schöpfung des einzelnen Organismus, des einzelnen Menschen, seines Es. Die Gesetze zu studieren, wann, unter welchen Umständen und zu welchem Zweck das Es, dieses rätselhafte Wesen, das bewußte und unbewußte Leben regiert, Lust bekommt zu erkranken, Lust bekommt, die Umwelt als Erkrankungsmittel zu benutzen, ist noch für lange Zeit naheliegende Aufgabe der Wissenschaft, an der sie, oft ohne es selbst zu wissen, fleißig arbeitet.

Schweninger war sich seines Wertes für die Wissenschaft bewußt. Und gerade deshalb war es ihm gleichgültig, daß man ihn unwissenschaftlich nannte. Wissenschaftlich zu arbeiten war für ihn etwas so Selbstverständliches, daß es ihm nie in den Sinn kam, es könne jemand Arzt sein, ohne wissenschaftlich zu denken. Gelehrsamkeit hielt er eher für entbehrlich, und er hatte wenigstens insofern ein Urteil darüber, als er selbst ein weit über den Durchschnitt der Universitätsgelehrten gehendes Wissen auf ärztlichem Gebiet besaß.

Schweninger hat in einem Glück gehabt: sein Wirken fiel in eine Zeit, wo der lang herrschende Materialismus anfing zusammenzubrechen. Er ist einer der Pioniere idealistisch gerichteter Lebensauffassung, der erste unter den Ärzten. Wir werden nimmer seinesgleichen sehn.

(WIDERSTAND)

Freud hat im Laufe seiner Forschungen für die Behandlung und das Verständnis der Neurosen, Psychosen und der Grenzfälle zwischen beiden Erkrankungsformen das Wort Widerstand eingeführt. Sobald man das Gebiet psychoanalytischer Tätigkeit auf die gesamte Medizin ausdehnt, stellt sich erst heraus, welche Bedeutung dieses eine Wort beanspruchen darf. Mit dem Wort „Widerstand" läßt sich nämlich vieles an dem seltsamen Phänomen der Willkür, mit der das Es des Kranken die Behandlung des Arztes zum Guten oder zum Bösen lenkt, ein wenig verständlich machen, wenn auch nicht erklären: vor allem ist es als Richtschnur für den Gang der Behandlung brauchbar.

Die Krankheit ist eine Ausdrucksform des Es: wenn Gebärden, Worte, Gedanken, Handlungen, physiologisches Geschehen wie etwa Atmung, Herzschlag, Schlafen, Verdauen, Absondern und so weiter nicht ausreichen, um bestimmte Vorgänge innerhalb des menschlichen Einzel-Es deutlich genug zur Erscheinung zu bringen, greift das Es hinaus in die Umwelt und sucht sich dort irgend etwas aus, womit es sich krank macht, um mit Hilfe der Krankheitserscheinungen auszudrücken, was es auf dem gewöhnlichen Wege nicht ausdrücken kann. Wenn wir nun auch die Gesetze, nach denen das Es handelt, nicht kennen und nicht begreifen können, ja wenn wir auch nicht einmal wissen, ob solche Gesetze existieren, so wissen wir doch aus der Erfahrung jedes Lebensaugenblicks, daß das Es Gewohnheiten hat, in denen es zu leben und zu handeln liebt. Es ist daher anzunehmen, daß das Es nur ungern zu dem außergewöhnlichen Mittel der Erkrankung greift und so bald als möglich zu seinen gewohnten Ausdrucksformen des gesunden Lebens zurückzukehren sucht. Mit andren Worten: in dem kranken Es ist stets bis zum Eintritt des Todes ein Wille zur Gesundheit vorhanden, dem der Wille zur Krankheit feindlich gegenübersteht, Widerstand leistet. Da das Es mittels der Krankheit Dinge ausdrücken will, die es auf gesundem Wege nicht ausdrücken kann, andererseits aber im Es der Trieb ist, auf gesunde Ausdrucksmöglichkeiten zurückzugreifen, wird die Genesung eintreten, sobald das Es sich davon überzeugt hat, daß es den Ausnahmezustand nicht mehr braucht. Im Allgemeinen erwirbt sich das Es diese Überzeugung von selbst. Tut es das nicht, so ist der Augenblick da, wo die Behandlung einzugreifen hat, mit Recht eingreift. Ihre Aufgabe ist – und das ist, so vielgestaltig sie auch sein mag, die einzige Aufgabe der Behandlung – dem kranken Es aus der Umwelt Dinge vorzulegen, die dem nachempfindenden Es des Behandlers, des Arztes, zweckmäßig erscheinen. In erster Linie wird es dabei darauf ankommen, dem kranken und eigenwilligen Es zu beweisen, daß es mit seinen gesunden Ausdrucksformen wieder auskommen kann. Nimmt das Es des

Kranken diesen Beweis, der mit Messer, Arznei, Klima, Bad, sogenannter Naturheilkunde, mit Suggestion oder Psychoanalyse, mit scheinbarer oder echter Wahrheit und mit scheinbarer und echter Lüge, kurz mit allen psychophysischen Mitteln des Lebens zweckmäßig und erfolgreich geführt werden kann, nimmt es diesen Beweis nicht an, so weiß der Behandler, der Arzt, daß der Wille zur Krankheit – ein Wille, der häufig genug nichts andres als schlechte Gewohnheit ist – Widerstand leistet. Seine Aufgabe ist dann, diesen Widerstand zu erforschen und auf irgendeine Weise, mit Gewalt oder mit List, zu überwinden.

Warum das Es so häufig – denn die Selbstheilungen ohne jede Behandlung sind die Regel, die Notwendigkeit fremder Hilfe die Ausnahme – warum es so häufig nach einer Weile die Sprache des Krankseins, die zum mindesten den einen Vorteil hat, die Mitmenschen aufhorchen zu lassen, aufgibt, mag in andren Zusammenhängen erörtert werden. Für die Tatsache jedoch, daß ein bestimmtes Es hartnäckig an seiner Entdeckung, daß vieles sich leichter durch Krankheit als durch Gesundheit deutlich machen läßt, festhält und entweder anfällig, kränklich ist oder langwierige Krankheiten wählt, erklärt sich wenigstens zum Teil daraus, daß schon das kleine Kind, dem verhältnismäßig wenig Ausdrucksmittel zur Verfügung stehen, erfährt, was für ein gewaltiges Machtmittel die Krankheit ist. Je frühzeitiger das Kindes-Es diese Entdeckung macht, je eher es ausfindet, welche Krankheitsarten die Umwelt, das ist im wesentlichen die Mutter, am meisten zur sorgfältigen Liebe zwingen, um so tiefer wurzelt sich die Gewöhnung an das Sprechen mit Hilfe des Krankseins und vor allem des chronisch Krankseins. Das muß, obwohl damit die Gefahr entsteht, als ob von dem Verfasser ein großer Wert auf das gesundheitsfördernde Verhalten der Mutter ihrem Kinde gegenüber gelegt würde, was dem Verfasser aufgrund seiner skeptischen Einstellung aller erzieherischen Tätigkeit gegenüber, soweit sie überlegt, dem Verstande einleuchtend ist, fern liegt, das muß trotz dieser Gefahr schon hier betont werden, weil sich das kranke Es mit Vorliebe – man könnte sagen aus Faulheit – dieser Kindheitserfahrungen als Mittel zum Widerstand bedient und diesen Widerstand durch ein andres Werkzeug aus der Kinderzeit, dem Freud den Namen „Übertragung" gegeben hat, verstärkt.

Da das Es, um krank zu werden, in die Außenwelt hineinzugreifen pflegt, um sich dort irgendeine Schädigung, eine „pathogene" Mikrobe, eine Erkältung, einen Unglücksfall als „Krankheitsursache" auszuwählen, ist es verständlich, daß es auch die Mittel zum Widerstand zunächst der Umwelt entnimmt, um sie in tausend Abwandlungen und unter immer neuen Masken mit erstaunlicher Schlauheit zu verwenden.

Aus der Masse der Widerstände hebt sich einer als der gebräuchlichste und zur Vereitelung der Behandlung nützlichste hervor, das ist der Widerstand gegen den Arzt. Es ist eine verbreitete, aber deshalb noch längst nicht richtige Annahme, daß der Kranke Vertrauen zu dem Arzt habe, den er sich gewählt hat. Zunächst wählt er ihn sehr häufig gar nicht selber, sondern geht nur zu ihm, weil irgendwelche Leute, die es gut meinen und infolge dessen falsch raten, in aufdringlicher Form zureden; dabei kann von Vertrauen keine Rede sein. Aber auch die, die nicht zur Behandlung gepreßt werden, kommen höchstens mit halbem Vertrauen zum Arzte: denn nur der Wille zur Genesung sieht in dem Arzte den helfenden Freund, der Wille zum Kranksein, dessen Existenz gerade durch das Kranksein bestätigt ist, betrachtet den Arzt als den gefährlichsten Feind und lauert im stärksten Mißtrauen darauf, Gründe für diese Feindschaft zu finden. Wenn das krankheitssüchtige Es derlei Gründe nicht findet, so erfindet es welche. Das hat den Vorteil, daß der grundlose Groll verschwiegen werden muß und infolgedessen Wochen, Monate, Jahre weiterfressen kann, daß er in seiner Ungerechtigkeit und Versteckheit, in seiner Niederträchtigkeit den Arzt erbittert und zu Fehlern veranlaßt, daß er vom Kranken als Schuld empfunden wird, verdrängt wird und in der Verdrängung doppelt gefährlich wirkt, daß er abgebüßt werden will und als naheliegende Buße die Verschlimmerung oder Verschleppung der Krankheit wählt.

Der Zweck dieser vorläufigen Besprechung des Widerstandes ist erreicht, wenn daraus hervorgeht, wie wichtig seine Rolle im kranken Leben ist, wie unumgänglich notwendig seine Erforschung für das theoretische Denken über Gesundheit und Krankheit ist und daß der Widerstand und seine Überwindung das Tätigkeitsfeld und das Ziel jeder Behandlung bei jeder Krankheit ist. Daß der Widerstand gegen den Arzt für die Behandlung, und zwar nur für die Behandlung, die größte Bedeutung hat, sollten weder Arzt noch Kranker je vergessen. Man kann als Grundsatz annehmen, daß jede Verschlimmerung der Erkrankung, mag sie geartet sein wie sie wolle, zweierlei mit eindringlicher Deutlichkeit sagt: „Du Arzt hast einen Fehler begangen" und „Du Kranker hast eine Gemeinheit gegen deinen Arzt begangen". Das freimütige Eingestehn des Fehlers ist die Vorbedingung für das Glücken feinfühlender Verführung des Kranken zur Wahrhaftigkeit, in der letzten Endes alle Gesundheit beschlossen liegt. Der Kranke weiß, daß Krankheit ein unehrliches Mittel ist. Er ist geneigt, im Arzte den Richter zu sehen, um so geneigter, weil er weiß, daß Ärzte nicht richten dürfen. „Wenn ich diesen da, der sich rühmt Helfer zu sein, dazu bringe zu urteilen und zu verurteilen, so ist es auch mir erlaubt, zu Gericht zu sitzen über andere und über mich, so ist es auch mir erlaubt, Leid und Tod über mich selbst zu verhängen; dann ist Krankheit keine Sünde mehr", so folgert der Kranke. Welch ein Irrtum! Arzt und Kranker haben eins gemein: weder der Arzt noch der Kranke haben ein Recht zu richten; weder für den Arzt noch für den Kranken gibt es Moral; weder für den Arzt noch für den Kranken gibt es Sünde. Sie stehen beide jenseits von Gut und Böse.

(KRANKHEIT UND GESUNDHEIT)

Krankheit und Gesundheit sind Ausdrucksformen des Es. Sie stehen dem Es dauernd zur Verfügung. Die Betrachtung dieser beiden Ausdrucksformen zeigt nun eine beachtenswerte Tatsache: das Es verwendet niemals eine der beiden Sprachen allein, vielmehr stets beide gleichzeitig: Niemand ist ganz krank, irgend etwas in ihm bleibt selbst in der schwersten Erkrankung gesund; niemand ist vollkommen gesund, etwas in ihm ist selbst bei der besten Gesundheit krank. Man kann sich dieses Verhältnis im

Bilde der Waage veranschaulichen. Das Es spielt damit, legt bald rechts bald links Gewichte auf die Schale, niemals aber läßt es eine der beiden Schalen leer; dieses oft so seltsame, immer sinnvolle, niemals sinnlose Spielen ist das Leben. Verliert das Es die Lust am Spiel, so läßt es sich selber sterben. Der Tod ist stets ein freiwilliger Tod, nie stirbt ein Mensch, ohne sterben zu wollen. Auf dem Gebiet „Krank und Gesund" hat das Es die Fähigkeit nach beiden Seiten hin Gewichte zu verwenden, es hat den doppelten Willen, krank und gesund zu sein und es gebraucht diese doppelte Fähigkeit und diesen doppelten Willen stets gleichzeitig. Es ist in dreifachem Sinne ambivalent. Dabei benutzt das Es zu seiner Spielerei rechts und links dieselben Gewichtssteine, es baut aus denselben Elementen die gesunde und die kranke Sprache. Die Vorstellung, daß Krankheit für den Organismus etwas Wesensfremdes, etwas von außen Stammendes, nicht dem Organismus Angehöriges, nicht von ihm Gewolltes und zu bestimmten Zwekken Geschaffenes sei, ist falsch.

Diese Fähigkeit, dieser Wille, dieses tatsächliche Verwenden anscheinender Gegensätze, diese Ambivalenz der Ausdruckselemente ist eine charakteristische Eigenschaft des Es. Aus den Tatsachen der Entwicklung, wie sie durch die Experimente von Roux, Driesch, vor allem von Spemann aufgedeckt worden sind, kann man schon jetzt schließen, daß bereits die Grundausdrucksform des Es, das befruchtete Ei, die Eigenschaft der Ambivalenz besitzt und sie beim Aufbau des Organismus verwertet, und je aufmerksamer man sie in den physiologischen und pathologischen Vorgängen sucht, um so häufiger gelingt es, sie so nachzuweisen, daß selbst Böswillige nichts Erhebliches dagegen einzuwenden vermögen. Für das Gebiet der Psychoanalyse, dieser unentbehrlichen Methode, sich dem Es zu nähern und es durch Mischen bewußter und unbewußter Erscheinungsformen, wobei Unbewußtes bewußt, Bewußtes unbewußt wird, zu beeinflussen, hat Freud die Ambivalenz des Seelenlebens für jedermann deutlich verständlich nachgewiesen. Wir wissen, daß Liebe in sich den Haß enthält, daß Verachtung begleitet ist von Achtung, daß Hohn gleichzeitig Bewunderung ist, daß der Rat widerrät, der Befehl verbietet, das Ja ein Nein ist. Und erst seitdem wir das wissen, ist

für das Verständnis dessen Bahn gebrochen, was Freud Übertragung genannt hat.
Der Mensch empfindet, darüber besteht kein Streit. Aber es fragt sich, ob die gewöhnliche Auffassung, daß Empfindungen durch äußere Reize hervorgerufen werden, daß Empfindung eine Antwort auf Eindrücke von der Außenwelt her ist, richtig ist, zum mindesten, ob sie die allein richtige ist; und da finde ich keine andre Antwort als die, daß sie nicht die allein richtige ist, ja daß sie falsch oder wenigstens unbeweisbar ist. Wir können wohl etwas über das aussagen, was in uns vorgeht, wenn wir Musik hören, Farben sehen, Wärme fühlen, über die Dinge außerhalb von uns können wir nur das sagen, was uns das Es auf dem Wege der Empfindung vorschreibt. Das Es, das in ununterbrochener Bewegung ist, hat irgendeine Stimmung, über deren Gründe wir nichts wissen, die wir uns aber, je nachdem es uns beliebt, als chemische, physikalische, thermische, elektrische, strahlende, okkulte, physische, psychische ausmalen können; es sucht nun in dieser Stimmung in der Außenwelt nach Eindrücken, um seine Stimmung dem Verstande zu begründen, man könnte auch sagen, es wandelt die Außenwelt um, damit sie in die augenblickliche Stimmung paßt. Die Sprache wenigstens hält diese Auffassung der Empfindung für richtig: Empfinden ist etwas finden, was gegenüber von uns ist, also außerhalb von uns, und das Wort setzt voraus, daß wir, der Mensch, sein Es handelt, das Außen aber die Handlung des Findens unbeteiligt erleidet.
Diese Feststellung hat in unserm Zusammenhang deshalb Bedeutung, weil durch die Annahme der absoluten Herrschaft des Es und seiner jeweiligen Stimmung eine Reihe von Tatsachen dem Verständnis nähergebracht werden, so das seltsame Phänomen, daß wir heute eine Temperatur als kalt empfinden, die uns morgen warm vorkommt, oder daß wir einen Menschen, dem wir eben noch gut waren, plötzlich nicht ertragen können oder daß wir etwas gut, schön, anbetenswert finden, um es morgen oder in zehn Jahren oder bei einem anderen Menschen schlecht, häßlich, verabscheuenswert zu nennen. Das tägliche Leben gibt unaufhörlich Beispiele für dieses Verfahren des Es. Wer warm empfindet, genießt die Sonne, sucht sie oder er setzt sich zur prasselnden

Flamme des Kamins, wer verstimmt ist, zieht sich in den Schatten, in die Dunkelheit zurück, findet, empfindet Licht und Wärme unerträglich; wer verliebter Stimmung ist, findet rasch einen Gegenstand für seine Verliebtheit, und wenn es auch nur ein gedruckter Liebesroman oder eine im eignen Gehirn erträumte Liebesszene ist; wer haßt, sucht und findet, empfindet Haß, wer sich schuldig fühlt, wird nicht lange Zeit brauchen, um im anderen die Schuld zu finden, die ihm selbst unbequem ist, die er nach außen projiziert, von außen her begründet, so als ob er Unrecht erlitten, nicht getan hätte.
Man sieht, das Es verfährt im Empfindungsleben genauso, wie es bei dem Erkranken tut: es holt aus der Außenwelt, was es für sich brauchen kann, Wärme, Kälte, Hunger, Durst, Liebe, Neid, Tuberkelbazillen, Streptokokken, Kugeln, stechende Messer, Apfelsinenschalen, um sich ein Bein zu brechen, Fäulnis, um sein Gesicht durch schlechte Zähne zu entstellen und die Menschen von sich abzustoßen, macht irgendwelche Substanzen im Leibesinnern stinkend, um den verhaßten oder allzubegehrten Kuß abzuwehren, benutzt den Schmutz, der sich im Haar festsetzt, um daraus den berauschenden Duft der Liebesverlockung zu verfertigen oder kauft zu demselben Zweck wohlriechendes Wasser, ihm ist lächerlich zumute und da ist der Grund zum Lachen, es ist weinerlich und schon sieht oder hört es etwas, um zu weinen.
Aber das Es hat die Fähigkeit der Ambivalenz. In ihm ist das Begehren nach Hitze, wer weiß warum? Dort der Wechselfiebererreger ist brauchbar, die Hitze, das Fieber zu schaffen; und für das Begehren nach Kälte, das gleichzeitig das Es quält, ist er auch gut; das Fieber ist da in hohen Graden, aber den Körper schüttelt trotzdem der Frost. Die Begierde erwacht in dem heranwachsenden Weibe und schafft in ihr seltsame, kaum noch von der Forschung beachtete, stets falsch gedeutete Brunst mit periodischer Blutung, mit Absonderung weitwirkender Riechstoffe, die das menschliche Männchen verführen sollen und auch verführen, der Widerwille gegen die Begierde jedoch ist auch lebendig, läßt Kopf- und Kreuznerven erkranken, lähmt die Lebenslust und wirft das mit sich selber kämpfende Mädchen in das Bett. Die Schwangere freut sich des werdenden Kindes, das ambivalente Es

zwingt sie zum Erbrechen, diesem tragikomischen Versuch, das Kind aus einer Öffnung rasch wieder zu entfernen, die das zweijährige Kind viele Jahre vorher für die Pforte der Begattung und Befruchtung hielt. Ein anderes Es läßt den Mann den Schwerenöter, den Unbedenklichen, den Weiberverführer spielen, in der Ambivalenz aber schmuggelt es in seine Säfte den Syphiliskeim oder das Trippergift und macht ihn auf lange Zeit hinaus ziemlich unbrauchbar für seine renommistische Wildheit. So nötigt das Es Mädchen und Knaben in Vater und Mutter ihr Leidenschafts- und Zärtlichkeitsobjekt zu lieben und gleichzeitig gibt es ihnen den Wunsch ein: wenn sie, die Mutter doch krank würde, damit ich frei von ihren erratenden Augen würde, damit ich ungestört den Vater genießen könnte; wenn er, der Vater doch stürbe, damit ich der Mann der Mutter, ihr Herr und Geliebter werden könnte, damit ich ohne Angst vor seiner Strenge tun könnte, was mich gelüstet.

Das Es ist ambivalent, spielt mit Willen und Widerwillen, mit Wunsch und Gegenwunsch sein geheimnisvoll tiefsinniges Wägespiel und treibt den Kranken in die Doppelstellung dem Arzte gegenüber hinein, in der er im Arzte zugleich den Helfer, den besten Freund liebt und den Bedroher seiner kunstvollen Schöpfung, der Krankheit sieht. Es ist die Ambivalenz, die den Kranken gehorsam macht und die zur selben Zeit den Widerstand, das eigentliche, das einzige Behandlungsobjekt, das Tätigkeitsfeld des Arztes schafft. Was es aber mit dem Widerstand, dessen Kenntnis die Grundbedingung alles zukünftigen Arztens sein wird und dessen Entdeckung allein genügen würde, Freud den größten Ärzten zur Seite zu stellen, auf sich hat, wird erst klar, wenn man erfährt, wie er sich des Mittels der Übertragung bedient.

Das Es hat, wie es scheint, von Geburt an, wahrscheinlich schon im Mutterleibe, ja von Beginn seines Lebens an Liebes- und Haßfähigkeiten und Liebes- und Haßbedürfnisse. Diese Liebe und diesen Haß, deren allergrößten Teil es sich selber widmet und widmen muß, während der ganzen Lebenszeit widmen muß, verteilt das Es, soweit es frei verfügen kann, auf die Außenwelt, zunächst auf das, was dem frühesten Kindesleben nahetritt, Dinge, Erlebnisse, Personen, als da sind: Wärme, Luft, Licht,

Milch, Brüste, Nässe, Kot, Urin, Wasser, Leib- und Bettwäsche; Heimlichkeit, Geborgenheit, Enge und Raum, Größe und Kleinheit, Gefahr, Angst, Hunger, Durst, Atem, Sichentleeren, Geburt, Saugen, Zärtlichkeit, Ungeduld, Sorgfalt, Ungeschicklichkeit, Liebe, Haß, Freundlichkeit, Waschen, Wollust, Schlaf und dergleichen mehr; von Personen zunächst die Mutter und wieder die Mutter und wieder die Mutter und daneben Vater, Geschwister und wer es sonst noch sein mag. All diesem und tausend Dingen mehr begegnet das Kind mit ambivalenten Gefühlen, empfindet Zuneigung oder lehnt ab. Da nun das Es als Haupteigenschaft Gedächtnis hat, vornehmlich unbewußtes Gedächtnis, so neigt es zu dem, was wir Gewohnheit nennen; es gewöhnt sich, unter bestimmten Umständen dieselben Empfindungen zu produzieren. Es zieht, ohne sich dessen bewußt zu sein, Schlußfolgerungen, etwa so: jetzt habe ich es dreimal erlebt, daß ich in meinem Dreck zu lange, so lange liegen bleiben muß, wenn mehrere Menschen mit der Mutter zusammen sind; wenn der große Mann zu Hause ist, werde ich genötigt, rasch zu trinken; wenn es dunkel ist, bekomme ich entweder gar nichts zu trinken oder nur mit Widerstreben; Klingeln stört; andre Kinder stören; wenn der große Mann mit mir gespielt hat, ist Mutters Milch viel wohlschmekkender; Geschwister stören; keifende Weiberstimmen zeigen an, daß die Wascherei schmerzhaft mit Seifenschaum in den Augen sein wird; Donner macht die Mutter unaufmerksam; wenn ich schreie, sorgt man für mich, nur wenn der Große plötzlich aufhört zu schnarchen, bekomme ich Haue; Blumen im Zimmer, namentlich, wenn sie von großen, schnurrbärtigen Männern gebracht sind, machen Mutters Hände weicher; wenn Mutter aus Vaters Bett kommt, fühlt sie sich heiß an und ist zerstreut: der Große hält mich sehr ungeschickt von sich weg, wenn ich ihn mit meinem Wässerlein beehre und so weiter und so weiter. Es bilden sich Gewohnheitsgefühle aus, die jedesmal bei den und den Umständen produziert werden, ganz gleich, ob sie berechtigt sind oder nicht: sie werden von einer früheren Stimmung her auf eine neue Situation „übertragen". Man kann sagen, mit gutem Grund sagen, daß bevor noch das dritte Lebensjahr beendet ist, so viele Empfindungsquellen aller Art vom Kinde entdeckt worden sind,

daß der Mensch nur noch zu übertragen braucht, auch nichts andres tut; höchstens, daß, wenn die eine Übertragung für die gegebene Situation nicht paßt, eine andre, vielleicht gerade entgegengesetzte gemacht wird.
Diese Fähigkeit, äußerst rasch und äußerst ungerecht im Guten und Bösen zu übertragen, benutzt das Es in weitgehendstem Maße zum Widerstand; es überträgt Freundschafts- und Feindschaftsempfindungen auf den Arzt und fördert oder lähmt dadurch seine Bemühungen. Da das Leben mehr oder weniger aus Übertragungen besteht, so muß der Arzt, um von der Fülle der Erscheinungen nicht erdrückt zu werden, bestimmte Übertragungen auswählen und sie in der Behandlung des Widerstandes benutzen. Die Hauptübertragung, die dabei in Frage kommt, ist die von der Mutter auf den Arzt; weiterhin die vom Vater. Wenigstens ist es so nach dem Vorgang von Freud üblich geworden, und diese Wahl hat sich bewährt. Damit ist aber nicht gesagt, daß es keine andern Übertragungen gibt oder daß man berechtigt ist, andre Übertragungsmöglichkeiten außer acht zu lassen. Es ließe sich denken, daß unpersönliche Übertragungen viel wichtiger sind als diese beiden persönlichen. Wie der Stand der Dinge augenblicklich ist, dreht sich die ärztliche Tätigkeit um die beiden Übertragungen von Vater und Mutter auf den Arzt.

(ATMEN)

Die Art, wie wir atmen – und gewiß sind nicht zwei Atemzüge einander gleich, ist ein Sprechen des Es, eine Ausdrucksform des Lebens, und als solche gibt es keine falsche Atmung; die Atmung kann höchstens deshalb falsch genannt werden, weil sie den Zwecken nicht entspricht, die wir, kurzsichtig genug, als die vernünftigen, ja, als die einzig möglichen ansehen. Wenn wir unter der Leidenschaft leiden, ist es begreiflich, daß wir uns nach Ruhe sehnen, aber die Ruhe ist vielleicht unser seelischer Tod. Wenn ein Herzkranker, ein Schwindsüchtiger, ein Asthmatiker zu uns kommt und verlangt, von seiner Atemnot befreit zu werden, so kann man mit großer Wahrscheinlichkeit annehmen, daß ein methodischer Unterricht im dreigliedrigen Atmen ihm Erleichterung, oft dauernde Besserung, Beseitigung des Symptoms verschafft, aber sehr oft werden wir erleben, daß solch Atemunterricht, selbst wenn das „richtige" Atmen erlernt und geübt wird, nicht den mindesten Einfluß auf die Qual des Kranken hat; vielleicht oft genug will der Kranke nicht gesund werden, kann es nicht, weil sein Es es ihm verbietet. Es ist auch denkbar und kommt oft genug vor, daß in der Behandlung irgendeines Leidens gerade gegen diese sogenannte richtige Atmung angekämpft werden muß, daß das getadelte Luftschnappen, das hastige, pausenlose Atmen geübt werden sollte, daß die Einatmung zerhackt oder die Ausatmung methodisch verlängert werden muß, ja, daß man sie zeitweise so oberflächlich wie möglich zu gestalten hat. Das Leben ist sehr mannigfaltig, und wenn es uns auch häufig den Gefallen tut, auf unsre Methoden günstig zu antworten, so beliebt es ihm auch nicht selten, sich über unsre Künste lustig zu machen. Das Leben richtet sich nicht nach unsern Methoden, und wir tun jedenfalls besser daran, unsre Methoden nach dem Leben zu richten. Das Leben aber lehrt uns, daß das Kind anders atmet als der Erwachsene oder der Greis, der Schlafende anders als der Wache, der Müde anders als der Frische, die Ruhe anders als die Bewegung und wieder die anders als die Mühe, die Krankheit anders als die Gesundheit, der Schwindsüchtige anders als der Asthmatiker, anders auch als der Herzkranke.

Ich habe nichts gegen Behandlungsmethoden, erkenne ihren Wert an und benutze eine ganze Reihe scharf ausgearbeiteter Methoden, unter anderen mit Vorliebe Atemgymnastik. Die Zeit, in der ich, wie ein Schulknabe gegen die Pedanterie der lateinischen Grammatik, gegen jede Methode wetterte, ist längst vorbei, und das Schlagwort „Individualisieren" hat jeden Reiz für mich verloren. Ich habe, seitdem ich mir nicht mehr Mühe gebe, etwas Besondres, eine Persönlichkeit, eine Individualität zu sein, entdeckt – für mich war es eine Entdeckung –, daß jeder Mensch, sogar der Doktor, eine gewöhnliche Nase, gewöhnliche Ohren und Augen, ein gewöhnliches Gehirn hat, alles Dinge, die bei Platon, Cäsar, Müller, Schulze und Goethe oder Luther ziemlich wenige und sehr geringfügige Unterschiede gezeigt haben mögen, ich habe entdeckt, daß alle Menschen mit dem Munde essen, daß ihr Dreck immer aus einer bestimmten Öffnung herauskommt und daß sie alle Menschen sind. Methode ist etwas sehr Brauchbares, Pedanterie ebenfalls, und die vielgeschmähte Schablone erst recht. Aber ich habe auch gelernt, daß tausend verschiedene Methoden zum Ziele der Genesung führen, daß jedoch ab und zu keine hilft und daß nur auf etwas im ärztlichen Leben und ich denke auch im alltäglichen und außergewöhnlichen Leben Verlaß ist, auf den Willen des Es. Der aber läßt sich nicht selten erraten.

„WORTANALYSE"

Bauzaun

In einer Periode meines Lebens, in welcher ich alle Beziehung zu mir selbst verloren hatte, in welcher ich als Treibholz auf dem Strom des Lebens dahintrieb, ohne Willen zum Ziel und ohne Kraft zur Tat, einem falsch orientierten Pflichtgefühl gehorchend, traf mich eines Nachmittags an einer Straßenecke das Wort „BAUZAUN" mit einer geradezu magischen Gewalt. Es gab mir Kraft, Freudigkeit, *Sicherheit*. – Jahrelang behielt es seine Wirkung. Das Leben wurde hart, das Schicksal tat seine Schmiedearbeit, aus dem Träumer wurde ein Täter, aus dem Treibholz baute das „WESEN" eine Brücke; – Pflicht wurde heiliges Wissen um den Willen des „WESENS" und an einem großen Wendepunkt angelangt, da ich nach außen hin mein Leben mir ganz selbst aufbauen mußte, sah ich mir das Wort „BAUZAUN" an, und es hatte seine Wirkung verloren! Seine getreue Analyse ergab folgendes: „BAUZAUN" ist ein Zaun, der eine Baustelle umgibt, Unbefugten den Zutritt wehrt, und den Anblick der Unordnung, den eine Baustelle mit ihren Steinhaufen, Kalkgruben, Sandbergen und Bauhölzern stets bietet, vor der Außenwelt verbirgt." Der Bau ist fertig, der Zaun wird entfernt, ein jeder mag jetzt sehen, was der Baumeister im Auftrag des Bauherrn da geleistet hat, und wenn es auch nicht einem jeden gefällt, wenn der Baumeister nur weiß, daß er mit treuem Sinn gebaut hat, und sein Bestes tat, dann mag er ruhig den Bauzaun abtragen, den braucht er nicht mehr, er hat nichts mehr zu vergeben, jeder hat Zutritt, denn wo Ordnung ist, da ist auch nichts zu verheimlichen. Dank dem Bauherrn, daß er so lange Geduld hatte! Fritz Tinsch.

Der kurze Aufsatz, den ich hier mitteile, hat für mich eine besondre Bedeutung; Einiges darüber, nicht gerade das Wichtigste für mich, aber etwas Wesentliches für die Arche läßt sich leicht sagen.

Über dem Aufsatz steht „Wortanalyse". Was mitgeteilt wird, ist aber weder eine Wortanalyse – die Arbeit beschäftigt sich gar nicht mit dem Wort „BAUZAUN", sondern mit dem Sinn, den der Verfasser in das Wort hineinlegt – noch ist es überhaupt eine Analyse; wenn man es durchaus mit einem Namen aus der Chemie bezeichnen will, so ist es eine Synthese.

Synthese ist auch ein schönes Wort, und es gibt Leute genug, die damit arbeiten und auch Erfolge haben. Daß sie aber, weil sie Erfolge haben, der Welt verkünden, der Analyse müsse die Synthese folgen, sie müsse durch die Synthese vervollkommnet, ergänzt werden, beweist, daß sie den Ausdruck „Analyse" mißverstanden haben. Verdenken kann man es ihnen nicht: Freud hat wirklich einen unglücklichen Moment gehabt, als er dieses Wort für seine Entdeckungen brauchte. Auf einem Kongreß der Psychoanalytiker hat er erzählt, wie er auf die Bezeichnung verfallen ist, daß er mit chemischen Analysen, die er mit Leidenschaft betrieben habe, immer Unglück gehabt habe und als ob er das mit einer Reverenz vor der heiligen exakten Wissenschaft wieder hätte gutmachen können, hat er sein Lebenswerk Psychoanalyse genannt. Er weiß vermutlich selber sehr gut, daß er damit sich ein Kreuz aufgebunden hat, da es nur wenige sind, die wissen, daß sein Verfahren ungefähr das Gegenteil von dem ist, was man wissenschaftlich und praktisch Analysieren nennt, wenige sogar unter denen, die seinem Vertrauen am nächsten stehen, daß aber die Zahl derer, die durch das Wort irregeführt werden, Legion ist, auch unter seinen Schülern.

Der prinzipielle Unterschied von chemischer und Psychoanalyse ist wesentlich und es ist aus vielen Gründen notwendig, daß man ihn sich ab und zu klarmacht. Das Ziel bei der chemischen Analyse ist, daß der Chemiker, der Experimentator erfährt, aus welchen Urstoffen eine chemische Verbindung sich zusammensetzt und wie das gegenseitige qualitative und quantitative Verhältnis dieser Stoffe ist; er kann, wenn er Lust dazu hat, aufgrund dieser

Kenntnisse Synthese treiben, nach bestimmten Ideen Urstoffe zusammenbringen, um irgendwelche neue chemische Körper herzustellen. Bei der Psychoanalyse ist es aber so gut wie gleichgültig, ob der Analysator erfährt, aus welchen Urstoffen menschliche Lebenserscheinungen zusammengesetzt sind; es nützt nichts, wenn er es weiß, was übrigens noch nie der Fall gewesen ist. Es kommt darauf an, daß der, der analysiert wird, Selbsterkenntnis oder so etwas Ähnliches bekommt, daß also, um bei dem Vergleich zu bleiben, das Objekt des Analysierens, gewissermaßen die chemische Verbindung, selbst Kenntnisse erwirbt. Wenn also bei der Psychoanalyse irgend etwas eintritt, was mit dem Wort Synthese bezeichnet werden kann, so ist diese Synthese Sache des Kranken, nicht des Arztes.

Wer Psychoanalyse treiben will, muß sich klar sein, daß er damit diesem bestimmten Kranken gegenüber auf jede erzieherische, ja auf jede helfende oder beratende Tätigkeit verzichtet und es der Natur, dem Es des Kranken überläßt, neue Verbindungen zu schaffen, Synthese zu treiben. Wer analysieren will, muß einen unerschütterlichen Glauben an das Es des Menschen haben, er muß im höchsten Maße das sein, was man mit dem Wort fromm bezeichnet. Fromm sein heißt stark und schicksalsgläubig sein, demütig dem Kosmos gegenüber, fest an dessen Allmacht und Vollkommenheit glauben und aus diesem Glauben heraus unbekümmert um Gut und Böse und um den Erfolg nach vorwärts leben. Also nochmals: wer analysiert, kann nicht, darf nicht Synthese betreiben. Die Analyse gibt vielleicht dem Es des Kranken die Möglichkeit, neue Verbindungen zu schaffen, aber der Arzt hat damit nichts zu tun. Der Versuch, sich in diese geheimnisvollen synthesischen Handlungen des Es einzumischen ist ein grober Fehler, der nur verzeihlich ist, weil er infolge menschlich bedingter Überheblichkeit nicht zu vermeiden ist.

Daß ich mich hier mit dieser Frage abgebe, hat seinen Grund nicht nur darin, daß eine Menge hervorragender Leute immer wieder den Ruf erheben, an die Psychoanalyse müsse sich eine vom Arzte geleitete Psychosynthese anschließen; ich habe aber bemerkt, daß alle Analytiker – und mit dem Wort alle sage ich, daß ich an mir selbst dieselbe Beobachtung gemacht habe, ja an mir

erst recht – daß alle Analytiker in sich den Trieb haben, erzieherisch, helfend, beratend einzugreifen. Und doch ist es und bleibt es die Sünde wider den heiligen Geist.
Mit all dem will ich nicht sagen, daß man mit Hilfe der ärztlichen Synthese nichts erreichen könnte, daß es falsch sei, synthetisch auf den Kranken einzuwirken. Aber wenn man aus dem Auge einen Eisensplitter entfernen will, so nimmt man dazu nicht eine Kneifzange. Umgekehrt, wenn man ein Kind aus dem Mutterleibe holen will, kann man das nicht mit einer Pinzette tun. Es gibt Kranke, die soll man operieren, andre soll man baden lassen, noch andre mit Medikamenten behandeln oder physikalisch-diätetisch, andre mag man erziehen und schließlich bleibt ein Rest, die möge man in festem Glauben, daß alle Dinge zum Besten dienen, analysieren.

(SEXUALITÄT)

Geschlechtssünden: Man macht der Psychoanalyse zum Vorwurf, daß sie sich allzuviel mit Sexualität beschäftige. Was haben doch diese Leute ihren Freud schlecht gelesen! Die Psychoanalyse hat an sich nicht das geringste mit der Sexualität zu tun, meist sind es die Kranken – oder Gesunden – die dieses ihnen so wertvolle Thema immer wieder zur Sprache bringen, nicht zum wenigsten, weil sie sich wichtig vorkommen wollen und durch Besprechen von Dingen, die man in Gesellschaften nicht bespricht, vor sich selbst einen Schein der Wichtigkeit bekommen. Ach nein, mit Psychoanalyse hat das nichts zu tun, obwohl ich nicht bestreiten will, daß auch der sogenannte – horribile dictu – Psychoanalytiker den Gesetzen seines Zeitalters unterworfen ist, natürlich auch ich, und infolgedessen mit dem Gefühl innerer Bedeutung den starken Mann spielt, dem nichts Menschliches fremd ist. Sieht man näher zu, findet man freilich bald auch bei den Heroen unsrer jungen Lebensforschung die Eitelkeit in Moral gekleidet. – Pansexualität. Wo steht denn das bei Freud? Er hat sehr deutlich und sehr entschieden gesagt, daß jede Zeit bestimmte Merkmale hat, daß es neben den zeitlosen Komplexen solche des Tages, des bestimmten Kulturzustandes gibt, und daß wir genötigt sind, uns mit so einfachen Dingen, wie es der Beischlaf während der Schwangerschaft ist, herumzuschlagen, weil das menschliche Gewissen starke Zähne hat und heutzutage nichts Rechtes zu kauen. Und dann diese schreckliche Sprachverwirrung. Der Ausdruck „Sexualität" bedeutet, daß das Menschenwesen doppelt-geschlechtlich ist, nichts weiter. Die Vorgänge des Genitallebens gehören in das Gebiet des sexuellen Lebens hinein, aber sie sind nur ein verschwindend kleiner Teil des sexuellen Lebens. Freud hat das immer und immer wieder gesagt: es ist nicht seine Schuld, daß es immer wieder vergessen wird. Wenn es mitunter so aussieht, als ob für den waschechten Analytiker nichts Anziehenderes in der Welt vorhanden ist als Penis und Vagina, allenfalls auch noch After, so darf man daraus Freud keinen Vorwurf machen, noch weniger der Psychoanalyse, ja nicht einmal uns armen Schluckern, die wir so tollpatschig auf den Dreck hereinfallen, der uns vorgeschwatzt wird. Man ist eben auch Mensch und kann nicht immer Skeptiker sein, nicht immer sich danach richten, daß jedes Ding drei Dimensionen hat und deshalb auch mindestens dreifach angesehen werden muß. Will man durchaus Vorwürfe erheben, so soll man sie dem lieben Gott machen, der unser Jahrhundert nun einmal so kurios eingerichtet hat. Besser scheint mir, die Welt in ihrem Wandel und uns selbst in unserm unaufhörlichen Wechsel anzuschauen und so gut, wie es gehen mag, einen Sinn hineinzubringen. Und den Weg zum Sinn der Dinge und unsers eignen Wesens, den hat Freud und seine Analyse allerdings erheblich erleichtert, und wer etwas davon versteht, weiß, daß die Analyse nur dann richtig geführt worden ist, wenn sie den Menschen liebenswürdiger und liebender gemacht hat; wobei das Wort „Lieben" nicht im Sinne von dem griechischen Eros, sondern von dem griechischen Agape gebraucht ist, die freilich, wie man sich aus den Evangelien überzeugen kann, kein Gegensatz zum Eros ist, sondern ihn in sich enthält. Aber wer liest heutzutage noch die Evangelien und wer sucht, wenn er sie liest, noch zu verstehen, warum Christus den kleingläubigen Petrus und den zweifelnden Thomas und den Verräter Judas zu seinen Vertrauten macht, warum er sich dagegen wehrt, gut genannt zu werden, warum er dem Mörder, der an seiner Seite am Kreuz hängt, eines Augenblicks wegen die Sünden vergibt, warum er seiner Mutter sagt: Weib, was habe ich mit dir zu schaffen; warum er sagt, daß er nicht den Frieden in die Welt bringt, sondern das Schwert, warum er die Samariterin mit ihren sieben Männern vor allen Frauen auszeichnet und warum er den Feigenbaum verflucht und so seltsame Gleichnisse erzählt. Die frommen Menschen sind von jeher den Weg der Analyse gegangen, womit ich nicht sagen will, daß die, die sich mit Analyse beschäftigen, nun auch fromm werden müßten; sie werden oft nicht einmal liebenswürdiger. Aber ist das die Schuld der Analyse? – Freud wird in den nächsten Tagen 70 Jahre. Wer mich liebt, vergesse nicht, was ich ihm schulde!

(SOZIAL ODER UNSOZIAL)

In dem vorigen Heft der Arche habe ich einen Satz Freuds abdrucken lassen, dessen Ironie mich mit Neid erfüllt: „Die Psychoanalyse fügt sich der allgemeinen Schätzung, welche soziale Ziele höher stellt als die im Grunde selbstsüchtigen sexuellen." Dieses „die Psychoanalyse fügt sich" geziemt sich für den Mann, der das Jenseits von Gut und Böse unablässig beobachtet. Ein solcher Mensch kann sich wohl der allgemeinen Schätzung des Sozialen fügen, er kann sie aber niemals als richtig anerkennen. Sie ist ja auch falsch oder wenigstens nur zu einem sehr kleinen Teil richtig. Sozial, Unsozial: wer wagt es zu entscheiden, ob ein Geschehen sozial oder unsozial ist? Das kann nur jemand, dessen Wesen nie von der Analyse berührt wurde, und wer von den Analytikern ohne den Freudschen Vorbehalt des Sichfügens von den sozialen Zielen der Analyse spricht, vergißt sein Amt, welches ist, nicht zu richten. Nur der Gott oder wer sich Gott gleich dünkt, vermag zu sagen: dies ist sozial, jenes unsozial. Der Analytiker sollte sich aber nicht Gott dünken, ja die erste und wichtigste, die segensreiche Folge des Analysierens ist, daß dem, der analysiert, seine Gottähnlichkeit zweifelhaft wird. Die Analyse darf kein anderes Ziel haben als Analyse. Uns geht das Modegeschwätz des sozialen Wesens nichts an. Wir wissen, daß der Mensch weder sozial noch unsozial ist, sondern tun muß, was sein Es ihn tun läßt und was das All – oder der Eros oder der Gott, wie man es nun nennen will – angeordnet hat. Wem die Analyse den Hochmut, die Hybris nicht bricht, mag sozial sehr brauchbar sein, mag auch ein guter Arzt und ein guter Mensch sein, aber vom Unbewußten weiß er nichts. Er ist wie ein Handlanger an der Arbeit gewesen, ohne je zu begreifen, was er arbeitete. Jeweilige Erziehungsmoden können das Soziale als wünschenswertes Ziel verkünden und erstreben, Analyse hat es aber immer nur mit dem Selbst des Menschen zu tun, sie endet nie anders als mit der Erkenntnis, daß der Mensch nichts ist, solange er von sich fortstrebt zur Allgemeinheit, daß er selbst, sein Es Welt und Gott ist. Wer diese Erkenntnis gefunden hat, ist sozial. Liebe deinen Nächsten als dich selbst! Wer gut zu sein strebt, wird nie gut sein; wer aber sich selbst, alles Streben nach einem andern, angeblich besseren Selbst verliert, wird sich selbst finden und ohne daß er es hindern kann, gut genannt werden und Sicherheit, Harmonie, Gesundheit in reichem Maße allen schenken, die fähig sind, sich schenken zu lassen. Das alles aber ohne Verdienst und Würdigkeit, von ihm selbst.

DER MENSCH STIRBT NUR DANN, WENN ER STERBEN WILL

An einem der unvergeßlichen Samstagabende auf der Marienhöhe zu Baden-Baden stellte unser Doktor die kühne Behauptung auf, das „Es" des Menschen entscheide über Leben und Tod des Menschen, dies rätselhafte „Es" sei also Ursache auch des Sterbens der Menschen; nur wenn der Mensch in seinem „Es" es selber wolle, könne der Tod ihm etwas anhaben. Ja, man könne geradezu sagen, der Mensch wähle seinen Tod sich selber. Diese Behauptung behielte selbst bei Unglücksfällen, ja selbst im Kriege mit seinen zahlreichen Toten ihr Recht. Unsere Gefallenen des Weltkrieges hätten sich ihren Tod geradezu selbst gewählt, seien selbst in ihre Kugel hineingelaufen.

Diese Behauptung erregte wohl bei den meisten Anwesenden ein ebensolch heiter-überlegenes Schütteln des Kopfes wie es seinerzeit die gescheiten Antworten des Kandidaten Jobses auf die mehr oder weniger dummen Fragen seiner gelahrten Examinatoren in der vortrefflichen,

geistsprühenden *Jobsiade* des Schriftstellers und Arztes Kortum machten. Auch ich gehörte anfangs zu diesen neunmalklugen Besserwissern, aber nach einer Weile ging mir ein Licht auf, und ich entdeckte, daß eine ganze Reihe eigener Erlebnisse aus meiner Feldpredigerzeit die Richtigkeit der kühnen Behauptung unseres Doktors bestätigte.
Und dieses sind einige solcher Kriegserlebnisse, deren ich noch viele zu erzählen vermöchte: Im Januar 1915 lag die Division, der ich als evangelischer Divisionspfarrer zugeteilt war, auf einer Anhöhe, die wie ein Schiff scharf rechtwinklig durch die Ebene auf die Côtes Lorraines zusteuerte. Ich hielt mich, soweit es irgend mein Dienst erlaubte, meist bei den Kampftruppen in ihren damals noch armseligen Schützengräben und Unterständen auf; und so war ich auch an jenem Tage nach getaner Arbeit in einem Unterstande mit befreundeten Männern zusammen. Es kam bald heraus, daß es der Vorabend des Geburtstages eines mir besonders lieben Hauptmannes, der hier eine Batterie befehligte, war. Wir beschlossen, bis zwölf Uhr zusammen zu bleiben; aber es sollte anders kommen. Ich wurde noch in später Stunde zu einem Schwerverwundeten in das weit zurückliegende Feldlazarett gerufen. Niemand, der mich hätte vertreten können, war zu erreichen. Ich mußte wohl oder übel in den sauren Apfel beißen, und unter unzweideutigen Äußerungen des Mißfallens schied ich von den Kameraden. Ich war noch nicht fünf Minuten von dem Unterstande entfernt, als mich ein in dieser Stunde seltener Granateinschlag aufhorchen ließ. Als ich vom Feldlazarett aus meine Geburtstagsglückwünsche telefonisch anbringen wollte, erfuhr ich zu meinem Schrecken, daß jene Granate in den soeben von mir verlassenen Unterstand eingeschlagen war und drei meiner Kameraden getötet und die anderen mehr oder weniger schwer verwundet hatte. Später erfuhr ich dann noch, daß die Granate gerade auf dem Platze, da ich gesessen hatte, krepiert war.
Ich habe mir damals noch keine besonderen Gedanken darüber gemacht; es war ja noch Kriegsanfang. Aber nachdem ich fast vier Jahre lang den Weltkrieg mitgemacht hatte und zwar immer an der Front, drängte sich mir immer stärker das Bewußtsein auf, daß ich wohl irgendwie und irgendwarum vor dem Tode bewahrt werden sollte. Vertrauten Freunden teilte ich dies als Vermutung mit, und erwähnte es schließlich auch entsprechend in einer Predigt und in einem Vortrage. Und nun schneiten auf mich immer dichter die Erinnerungen aus meinem Feldpredigerleben, die mir meine Vermutung immer stärker zur Gewißheit machten.
Aus der Fülle der Beispiele nur diese noch: Es war in der Champagne unweit des schwer umkämpften Pöhl- und Keilberges, wo ich auf dem Hauptverbandsplatze meiner Division unter dem Schutze der Rote-Kreuz-Flagge mich zum Schlafen niederlegte. Ruhig schlief ich, wurde aber in der Frühe des anderen Morgens durch einen dröhnenden Granatschlag und auf mich niederfallende Eisen- und Holzsplitter un-

sanft geweckt. Die französische Granate war, nur durch eine dünne Bretterwand von mir entfernt, wenige Schritte vor meiner Baracke eingeschlagen, hatte mehrere meiner Kameraden schwer verwundet, während ich mit einer leichten Verletzung am Fuße abkam, die mich nicht einmal hinderte, bei der Truppe zu verbleiben. Immer mehr kam mir, wenn in der Folgezeit Fliegerbomben oder sonstige „Liebesgaben" unserer Feinde in meiner Nähe niederfielen, das unbestimmte Gefühl: Was gehen die dich eigentlich an?!

An der Lys in Flandern ging ich nachts um vier mit den angreifenden Truppen vor. In Baieul kam Kampf und Vormarsch zum Stehen. In dem vielbeschossenen Orte, der unmittelbar in der Feuerlinie lag und in dem meine Kameraden zu vielen Hunderten verwundet oder getötet wurden, begegnete ich unserm trefflichen einarmigen General H. Er forderte mich auf, mich mit ihm ein wenig zu unterhalten. Er wollte wohl sich ablenken und seine innere Ruhe wieder gewinnen, der unruhvolle, schneidige Draufgänger. So gingen wir ruhig plaudernd durch die Gassen des Ortes und er erzählte mir obendrein noch lachend von seiner siebenten Verwundung, die aber nur seinen leeren Ärmel betroffen hatte. Auch in dieser gefahrvollen Stunde das unbewußte Gefühl bei aller Beklommenheit und Angst, daß keine Kugel mich treffen würde!

Ich hatte also, während mein bewußtes Ich das Gefühl der Furcht sehr wohl gekannt hat, im Unbewußten, im „Es" das sichere Gefühl, daß meine Kugel noch nicht gegossen sei. Und dabei hatte ich doch den starken Wunsch, den mein Ich damals schon klar erkannt hatte, zu fallen. In dieser Absicht hatte ich mich – und ich war doch damals als angestellter Pfarrer im Alter von sechsunddreißig Jahren nicht, auch nicht einmal „moralisch" genötigt, das zu tun – als Kriegsfreiwilliger zusammen mit einem Freunde außer in Braunschweig bei den Kavallerie-Regimentern in Halberstadt, Lüneburg und schließlich in Rathenow gemeldet. Gewisse Verhältnisse in der Heimat wollten mich dazu drängen. Um diesen auszuweichen, also aus Feigheit, suchte ich geradezu den Tod; und es schmeichelte wohl meiner Eitelkeit, daß mich nicht nur die Truppen meiner Division, sondern auch ihr Kommandeur, ein alter prächtiger General der Infanterie, der schon 70/71 mitgemacht hatte, mich den „Schützengraben-Pastor" nannte und mir am Sylvesterabend 1914 unter dieser „ehrenden" Bezeichnung das Eiserne Kreuz II. Klasse nach einem Gottesdienste in Gegenwart der Truppen überreichte, in Wirklichkeit sehr zu meiner Beschämung.

So ging es die ganze Kriegszeit hindurch, und als ich, nur einmal leicht verwundet, an seinem leidigen Ende mich besah, da hatte ich sieben Auszeichnungen auf meiner „Heldenbrust", darunter drei Kreuze I. Klasse; aber ich war mir klar bewußt, daß für mich ein Scherz, den wir damals öfters aussprachen, bitterer Ernst war: Das Oldenburger Kreuz trägt nach seinem Stifter Großherzog Friedrich August die beiden Buchstaben F. A. Wir deuteten diese Anfangsbuchstaben: Für Angst.

Und in der Tat, für Angst habe ich die Kriegsauszeichnungen bekommen, auf die ich doch so stolz bin.
Ich könnte noch viel, sehr viel erzählen; die Erinnerungen dieser Art blühen mir nur so zu. Aus allen aber ergibt sich zum mindesten für mich die klare Erkenntnis: Mein „Es" verschmähte all die vielen Möglichkeiten, die meinen Tod hätten herbeiführen können. Mein „Es" wollte nicht meinen Tod; und jetzt – im lachenden Sonnenschein Baden-Badens, in der hellen Freude, nach langem Kranksein durch unsern Doktor dem Leben mit seinem fröhlichen Kampfe wiedergegeben zu sein, in der frohen Zuversicht, daß meine Verhältnisse sich klären werden – jetzt freue ich mich von ganzem Herzen über diese Eigenwilligkeit meines „Es".

Ich wiederhole hier ausdrücklich, was ich an jenem Samstagabend gesagt habe: Der Mensch stirbt nur dann, wenn er sterben will.
Aus diesem Satz muß ich meinem ganzen Denken nach eine bestimmte Schlußfolgerung ziehen: da ich annehme, daß das Es nicht imstande ist, etwas andres zu tun, als sich die Lust zu verschaffen, die ihm im gegebenen Zeitpunkt notwendig erscheint, so geht daraus hervor, daß für mich auch im Tode das Lustprinzip wirksam ist. Das Sterben ist für mich nicht der Beweis der Verzweiflung, sondern das Ergreifen von Glücksbedingungen, die auf andre Weise nicht zu erreichen sind. Es liegt für mich eine Lusterfüllung im Sterben, genau so wie im Einschlafen. Das Sterben ist eine Äußerungsform des Es, wie das Träumen eine solche ist oder das Sprechen oder das Lieben oder das Malen oder das Kranksein. Was nach dem Tode vorgeht, weiß kein Mensch, und es liegt ganz außerhalb dessen, womit ich mich beschäftige, also auch außerhalb des Begriffes Es, der nur für die Zeit von der Empfängnis bis zu dem gilt, was nach allgemeiner Übereinkunft Tod genannt wird. Das Sterben aber gehört in das Wirkungsgebiet des Es. Daß es für die Umgebung schrecklich und qualvoll erscheint, ist für mich kein Gegenbeweis gegen die Annahme, daß der Mensch seinem Wunsch gemäß stirbt, daß sein Sterben eine Lusterfüllung ist; die Seelenvorgänge der Überlebenden sind viel zu kompliziert, als daß man irgend etwas Sicheres darüber sagen könnte.
Es ist nicht allzuschwer, sich zu der Annahme, daß der Sterbende Lustgewinn sucht, zu überreden. Zum mindesten ist der negative

Gewinn, den er durch das Sterben hat, oft deutlich zu sehen: er entflieht den Qualen, denen er ausgeliefert ist. Im allgemeinen beginnt ja schon geraume Zeit vor dem sogenannten Todeskampfe die Empfindlichkeit für Leid nachzulassen, das Es zieht sein Interesse von der Außenwelt zurück, ja es schwächt die Kraft der Übertragungen. Der heitere Abschied ist nicht allzuselten, ebenso ist ein Aufflackern der Kräfte mit einziger Ausnahme der Leidenschaft für die geliebten Menschen oft nachzuweisen, wobei die Schmerzen, die Atemnot und was es sonst sein mag, weichen. Bekannt und meist sehr verwirrend ist das bei Blutvergiftungen im Wochenbett, wenn es kurz vor dem Ende ist. Die Seele wendet sich von der Gegenwart ab und längst Verstorbenen, vielfach der Mutter zu, und Vorstellungen der Ruhe und des Friedens im Grabe, der Mutterschoß mischt sich mit Bildern der himmlischen Heimat der Religion, die ja auch dem vorgeburtlichen Leben entnommen sind. All das sind tief ergreifende Erlebnisse für den Überlebenden, so tiefgreifend, daß nur wenige sich klarzumachen versuchen, was da eigentlich im Es vor sich geht, wie das Es bis zum letzten Augenblick in wechselnder Weise dem Lustprinzip huldigt und gehorcht, wenn man es gehorchen nennen darf, was ebensogut befehlen genannt werden kann.
Am deutlichsten tritt die Flucht vor dem Leiden mit dem Bestreben, Unlust zu meiden, Lust zu gewinnen, in dem so gefürchteten Todeskampfe auf. Wir können Sterbende nicht fragen, was sie empfinden, wenn die geistige Umnachtung beginnt, aber wir können aus den Vorgängen der Narkose, auch schon des Schlafs schließen, daß mit dem Beginn der Bewußtlosigkeit jedes Leidensgefühl aufhört, daß also das, was uns so schrecklich ist, das Röcheln, die Zuckungen, die Atemnot für den Sterbenden nichts mehr bedeutet. Ja, wir können sogar noch einen Schritt weiter gehen und behaupten, daß das Es sich nicht sehr häufig mit dem Vermeiden der Unlust durch die Bewußtlosigkeit begnügt, sondern daß es unterhalb der Bewußtseinsschwelle Vorkehrungen trifft, die nicht anders als wirkliche Lustvorgänge aufgefaßt werden können. Wir wissen aus den physiologischen Tatbeständen, daß das Anhalten des Atems bis zur erträglichen Grenze mit deutlichen Lustempfindungen verbunden ist, wir sehen das täg-

lich beim Kinde, das diesen seltsamen Weg der Selbstbefriedigung oft und oft wählt; wir haben aber auch in den Ejakulationen Erhängter den unumstößlichen Beweis, daß das Aufhören des Atmens Lustsensationen hervorruft. Sehr deutlich tritt mitunter die Tatsache, daß der Mensch im Eros stirbt, in dem rhythmischen Drücken irgendeiner Hand hervor, die der Sterbende in der seinen hält. Ebenso ist das Zupfen an der Bettdecke ein Handeln unter der Gewalt des Eros, und schließlich fehlt fast nie die fälschlich als Folge der Darmlähmung gedeutete Entleerung des letzten Augenblicks. Wer jemals eine wirkliche Darmlähmung mitangesehen hat, weiß, daß Darmentleerungen infolge von Darmlähmung ganz anders verlaufen als diese Entleerungen des Sterbenden: sie sind aktive Handlungen, Handlungen des Es als Eros.

Es ist wohl möglich, daß ich auf diese Dinge gelegentlich zurückkomme, hier möchte ich nur sagen, daß die Griechen dem Tod dieselben Züge gaben wie der Liebe und daß sie recht hatten.

Ich halte es nicht für unmöglich, daß man die Frage stellt, wie ich meinen Satz: Niemand stirbt, der nicht sterben will – angesichts der Tatsachen des Kriegs aufrecht erhalten will. Gerade der Krieg beweist, daß ich nicht nur recht habe, sondern daß alle Menschen meine Meinung teilen.

Wenn zwei Menschen vor einem Abgrund von zwanzig Meter Tiefe stehen und der eine von ihnen springt hinunter, obwohl er weiß, daß er wahrscheinlich dabei den Tod finden wird, so nehme ich an, daß er den Tod sucht. Wenn zwanzig Millionen Menschen dasselbe tun, so nehme ich an, daß diese zwanzig Millionen ebenfalls den Tod suchen. Interessant ist dann nur noch die Frage, warum so viele Menschen auf einmal sterben wollen. Leider ist die Frage nach den Gründen solchen Massenselbstmords, so viel ich weiß, noch nicht methodisch studiert worden. Die Wissenschaft hat, scheint es, Wichtigeres zu tun als sich um das Unbewußte zu kümmern. Wahrscheinlich würden auch die Verdrängungen, die zu der Erfindung von Waffen und Krieg geführt haben, sich gegen solche Forschung erfolgreich zur Wehr setzen; und das wäre kein Schaden. Denn noch halte ich es nicht für wahrscheinlich, daß die Abschaffung der Kriege eine Sublimierung im Freudschen Sinne sein würde.

(ICH PFEIFE AUF DIE PHYSIK)

Mein Interesse für Physik und meine Kenntnisse auf diesem Gebiet sind gering. Als Schüler mag ich das Fach vernachlässigt haben, weil der Unterricht von langweiligen Lehrern gegeben wurde und weil die Schule wenig Gewicht auf die sogenannten Nebenfächer legte. Als Student bin ich nur ein einziges Mal in einem physikalischen Kolleg gewesen. Helmholtz las es, aber ich habe keine andre Erinnerung daran als die, daß er endlose Zahlenreihen an die Tafel schrieb zum Zweck irgendwelcher Berechnungen und daß er nach einiger Zeit alle Ziffern wieder auslöschte und von vorn begann, weil er sich verrechnet hatte. Das hat einen unauslöschlichen Eindruck auf mich gemacht, daß ein solcher Heros der Mathematik eine einfache Rechenaufgabe nicht lösen konnte, und da ich von jeher aus persönlicher Erfahrung zu wissen glaubte, daß wir nicht Herren unsrer Leistungen sind, sondern daß unser Denken irgendwie von unbekannten Kräften geleitet wird, grub sich dieses Ereignis als Beweis für meine Ansicht tief in mein Gedächtnis ein. In die Vorlesung bin ich aber nie wieder gegangen, obwohl ich als Zögling der militärärztlichen Bildungsanstalten dazu verpflichtet war.
Der Gedanke, daß nicht der Verstand das Wesentliche beim Menschen ist, sondern irgendwelche andern Kräfte den Verstand leiten, wurde zur selben Zeit durch den Physiologen der Berliner Universität angeregt, durch Du Bois-Reymond, vermutlich ohne daß er eine Ahnung davon hatte, auf welche ketzerischen Ideen mich seine Mitteilungen brachten. Du Bois galt damals für abgetan, das, was er lehrte, sei längst von der Wissenschaft überholt, meinte die Studentenwelt. Man besuchte seine Vorlesungen, weil er Examinator war und weil er in dem Rufe stand, die Kandidaten unbarmherzig durchfallen zu lassen, wenn sie beim Examen zeigten, daß sie irgendwo anders als bei ihm Physiologie studiert hatten; man mußte die Dinge genau in derselben Weise hersagen, wie er sie vorgetragen hatte, und wenn man mutig genug war, seine eignen Worte und Wortspiele – er galt für geistreich – buchstäblich wiederzugeben, konnte man auf ein gutes Zeugnis bei ihm rechnen. Er muß mir in irgendeiner Weise gefallen ha-

ben, denn während ich in allen andern Vorlesungen, selbst in so wichtigen wie den anatomischen nur selten erschien, die chemischen kaum, die zoologischen und botanischen nie besuchte, habe ich meiner Erinnerung nach bei Du Bois nicht ein einziges Kolleg versäumt und aller Hohn meiner Kameraden verhinderte mich nicht, diesem Manne meine Hochschätzung zu widmen. Um so schmerzlicher war es mir, daß gerade dieser geliebte Lehrer eines Tages eine donnernde Rede vor versammeltem Publikum gegen mich hielt. Die großen Entfernungen Berlins, wo die einzelnen Universitätsinstitute viertelstundenweit voneinander ablagen, brachten es mit sich, daß gegen Ende der Stunde einzelne besonders strebsame Jünglinge den Hörsaal Du Bois verließen, um den Anfang einer andern Vorlesung nicht zu versäumen. Du Bois war darin sehr empfindlich und verbat sich diese Gewohnheit mit starken Kraftworten und mit Hohn, so daß, wer frühzeitig entschlüpfen wollte, seinen Platz möglichst nah der Tür wählte. Eines Tages zwang mich ein Unwohlsein mitten in der Vorlesung aus dem Saal fortzugehen. Ein Sturm der Entrüstung brauste hinter mir her. Da ich von der Schule her an alle möglichen Scheltworte der Lehrer gewöhnt war, hätte ich mir aus diesem Ausbruch verletzter Eitelkeit nichts gemacht, wenn es nicht gerade Du Bois gewesen wäre. So wurmte mich der Vorwurf und ich schrieb einen Brief an den Professor, in dem ich die Dinge auseinandersetzte. Du Bois hat mir geantwortet und sich entschuldigt; ich habe den Brief viele Jahre aufgehoben, vielleicht besitze ich ihn sogar noch. Kein Wunder, denn ich war ein achtzehnjähriger Junge und er ein weltberühmter Mann; und dann, ich war verliebt in ihn, wie ich in alle die Lehrer verliebt war, von denen ich etwas Wesentliches gelernt habe. Es sind nur ein paar und ich kann sie gut aufzählen.

Da ist zuerst Fräulein Use aus der Zeit, da ich noch im Flügelkleide in die Mädchenschule ging; sie muß wohl etwas wohlbeleibt gewesen sein nach dem Spottvers, der auf sie gesungen wurde: Use, Buse, packe dich! Eier, Weier weg! Ich danke ihr meine Vorliebe für Geschichte. In der Vorschule des Gymnasiums war es wieder ein Geschichtslehrer, rotbärtig, streng und verhaßt: Voigt war sein Name und ich liebte ihn sehr, so sehr, daß ich mich sogar für den Landvogt Geßler begeisterte, trotz Schiller, so sehr, daß ich annehme, der Name Voigt hat großen Anteil an einer Verbindung, die meinen ganzen Lebenslauf entschieden hat. Auf dem Gymnasium hat keiner der Lehrer mein Herz zu fassen gewußt. Vergleiche mit meinen Mitschülern zwingen mich zu der Annahme, daß ich so gut wie nichts von dem Unterricht dort gehabt habe. – Die Universität hat mir drei solcher Lieben geschenkt. Die eine war Du Bois, wie ich schon erwähnte, die zweite der Frauenarzt und Geburtshelfer Olshausen; ich glaube, daß es bei ihm der Name war, der mich fesselte, wie denn Namen und Wortklänge einen fast unheimlichen Einfluß auf mich hatten und haben – ich merke das täglich an Fehlern, die ich, vom Klang zu Assoziationen verführt, in der Analyse mache. Olshausen klingt an Holzhausen an, das war ein Knabe, mit dem meine Brüder innig verkehrten, an den ich persönlich wenig Erinnerung habe, was um so seltsamer ist, als sein Name sogar jetzt, wo ich ihn niederschreibe, ein warmes Gefühl auslöst. Wenn ich mich recht erinnere, war an den Vorlesungen Olshausens nicht mehr als an denen andrer, die ich mit großer Gewissenhaftigkeit schwänzte. Aber auch er hat mir, wiederum ohne daß er es beabsichtigt haben mag, etwas fürs Leben mitgegeben. Dann kam Schweninger: über ihn brauche ich nichts zu sagen, ich habe oft genug erzählt, wie ich ihn liebte und was er für mich war. Der letzte in der Reihe ist Freud. Ich begegnete ihm zum ersten Male auf dem Kongreß im Haag. Wenn ich an diese Begegnung denke, wird mir froh zumut: ich habe damals Herzklopfen gehabt, nicht das eines Ängstlichen, nicht das des Schülers vor dem Lehrer – solch eine Empfindung habe ich niemals gehabt, glaube auch nicht, daß ich sie haben kann, weil mein Wesen wohl Ehrfurcht und Furcht fühlt, aber die Überlegenheit des andern nicht als drückend auffaßt, sondern das des Liebenden.

Wenn ich die Reihe dieser sechs Menschen betrachte, fallen mir allerlei Dinge ein. Vier von ihnen, die Buse, Voigt, Schweninger, Freud haben mir, sobald ich mit ihnen zusammentraf und ohne daß ich mir Mühe darum gab, ihr Wohlgefallen an meinem Wesen gezeigt. Alle vier waren von der Masse gehaßt, alle vier waren, zwei im Kleinen, zwei im Großen, Ketzer. Und ein ausgesprochner Ketzer in jeder Beziehung war mein Vater. Die beiden andern, Du Bois und Olshausen, assoziieren sich für mich mit dem Wort Holz. Wo aber hat dies Wort seinen Gefühlswert für mich her? Es führt zu meiner Mutter.

Der Psychoanalyse ist bekannt, daß Holz ein Traumsymbol der Mutter ist. Wenn ich recht unterrichtet bin, leitet man die Herkunft dieses immerhin auffallenden Symbols von der Gleichung Holz = Brennmaterial, Material – Mater – Mutter ab. Ich glaube, das ist ein Irrtum. Es scheint eine direkte Verbindung zwischen Holz und Mutter zu bestehen. Im Lateinischen heißt Mutter mater, materia aber ist der Stoff, der Mutterstoff, aus dem alles sich zusammensetzt: der Begriff materia lautet aber im Griechischen hylä und hylä heißt in andrer Bedeutung Holz. Ich halte es für wahrscheinlich, daß das ursprüngliche Denken ohne weiteres Holz und Mutter als symbolisch gleich empfindet; dann wäre die primitive Art, Feuer durch Reiben eines harten Holzes – es führt angeblich den Namen Mann – in einem weichen, das man Weib nennt, aus dem Symbolisierungszwang herzuleiten, der so viel Größeres als der dumme Verstand hervorbringt. (Man bringt – ob mit Recht weiß ich nicht – das griechische hylä etymologisch in Zusammenhang mit dem lateinischen silva = Wald, und Rhea Silvia hieß die Stamm-Mutter der Römer.) – Die materialistische Weltanschauung der Antike suchte sich die Welt mit Hilfe bewegten Stoffs zu erklären und diesen Stoff nannten sie hylä = Holz und im Lateinischen materia = Mütterliches. Hylä – Holz ist also gedanklich für sie das, aus dem die Welt entsteht, das Mutterprinzip. – Ich bin nicht sachverständig, aber ich meine, es würde sich lohnen – auch medizinisch für das Verständnis der rätselhaften Vorgänge, die wir als Hysterie zu bezeichnen pflegen, würde es sich lohnen nachzuforschen, ob hylä denselben Stamm wie hystera = Gebärmutter hat oder ob vielleicht der Grieche geneigt war, hylä und hystera zu assoziieren. Dazu würde allerdings ein langes mühseliges Studium gehören, analytische Vorbildung und eine nachschaffensfähige Phantasie; aber ich sagte früher schon einmal: gerade die Sprachwissenschaft wird sich unter dem Einfuß der Psychoanalyse gewaltig ändern und die Zeit ist nicht mehr fern, wo man die primitive Etymologie

der Griechen mit ihrem berüchtigten: Alopex-pax-pux-Fuchs wieder von einer andern Ebne aus verwenden wird.
Wie dem auch sein mag, die Symbolgleichung Holz – Mutter ist uralt, besteht für das Traumleben noch jetzt, und da ist es denn nicht weiter zu verwundern, daß ein so phantastisches Gehirn wie das meine Gefühlsassoziationen weitester Ausdehnung aufgrund der primitiven Assoziationen des Unbewußten macht. Meine Fähigkeit zu träumen oder das Träumen in das Bewußtsein kommen zu lassen, ist sehr gering; ich kann mir denken, daß Konflikte im Unbewußten, die andre im Traum abmachen, bei mir im Wachen stattfinden und tausenderlei seltsame Dinge in meinem Gefühlsleben und Verstandesleben hervorbringen.
Ich kehre zu Du Bois zurück und zu dem, was so wichtig für mein späteres Leben wurde. Da ist es zunächst eine Anekdote, die er bei der Besprechung der Dampfmaschine zu erzählen pflegte. Er behauptete, daß die Grundlage zur Erfindung der modernen Dampfmaschine aus dem Trägheitsbedürfnis eines Knaben, ich glaube er nannte sogar den Namen Stephenson, entstanden sei, der sich seine schwere Bergarbeitertätigkeit durch Gebrauch des zweiarmigen balancierenden Hebels erleichtert habe. Diese Erzählung – es ist gleichgültig, ob sie wahr ist oder erfunden – erschütterte mein Vertrauen zu dem auf Kenntnissen aufgebauten Denken und stärkte meinen Glauben an das Phantasiedenken. Gleichzeitig bestätigte sie meine Wunschvermutung, daß die Charakterfehler des Menschen, zu denen ja Faulheit gerechnet wird, ihre guten Seiten haben, und schließlich stieg, vorläufig ganz dunkel, eine Ahnung in mir auf von dem, was Freud später das Unbewußte nannte.
Das zweite war, daß Du Bois bei der Besprechung des inneren Ohrs darauf aufmerksam machte, daß die Natur, längst ehe der Mensch das Klavier erfunden habe, schon das innere Ohr nach denselben Prinzipien und unter Verwendung derselben Mittel in der Form eines Klaviers gebaut habe. Dasselbe sagte er von Auge und Camera obscura und dem fotografischen Apparat, und wieder dasselbe von dem Bau des Röhrenknochens und den modernen Eisenbauten. Ich pflege noch jetzt diese drei Beispiele zu wählen, wenn ich bestimmte Seiten des Es zu verdeutlichen wünsche.

Der assoziative Zusammenhang mit meiner Arbeitshypothese vom Es leuchtet ohne weiteres ein.
Bei Olshausen war die letzte Vorlesung, die ich von ihm hörte, entscheidend. Eine nach meinen Begriffen wunderschöne Frau – ich weiß bestimmt, daß mich ihr Anblick stark erregte – wurde im Bett liegend in den Hörsaal gebracht. Olshausen fragte sie nach ihrem Befinden, sie gab heiter und lächelnd Bescheid, daß es ihr und dem Kinde ausgezeichnet gehe, daß sie so froh und dankbar sei, weil das schreckliche Fieber nun fort sei, und daß sie nun bald nach Hause wolle. Die Kranke wurde entfernt und Olshausen fragte den Studenten, der im Demonstrationsraum praktizierte, was er wohl von der Frau denke, ob er sie nicht für glücklich und gesund halte. Der Praktikant bejahte, Olshausen aber wandte sich an das Auditorium und sagte: „Die Mehrzahl von Ihnen wird wohl derselben Meinung sein wie der Herr Praktikant. Was die Kranke von sich sagte, ist ganz richtig: sie hat sehr hohes Fieber gehabt und ist jetzt fieberfrei, aber sie wird nicht gesund werden, sondern in kurzer Zeit sterben. Sie hat das denkbar schwerste Wochenbettfieber, die Temperatur ist freilich heruntergegangen, aber wenn Sie den Puls gezählt hätten, wären Sie auf fast zweihundert Schläge gekommen. Das ist der nahende Tod." Olshausen, die junge Mutter, die Erregung durch ihre Schönheit und die Erschütterung durch den Todesspruch, all das trug dazu bei, daß dieser Moment in meinem Gedächtnis blieb, während ich sonst fast alles aus der Studentenzeit vergessen habe. Und das Ereignis hat in mir weitergewirkt. Die Begierde, das war das erste, was ich lernte, kümmert sich also nicht um Unglück und Tod; im Gegenteil, Sterben und Lieben gehören in eine Reihe. – Der Tod ist nicht schwer, war das zweite, Natur läßt leicht und froh sterben, es kommt darauf an, ihr abzulauschen, wie sie das macht. – Als das Fieber wich, wurde die Frau glücklich; die Hitze der Leidenschaft war fort, aber das Herz war erschöpft. Könnte das Fieber nicht der Ausdruck des Kampfs, nicht nur zwischen Gift und Organismus, sondern zwischen irgendeiner verbotenen Leidenschaft und dem Sittengesetz sein, zwischen dem Wunsch des Herzens und der Pflicht, bei dem hier das Herz siegte, aber den Sieg mit dem Tode bezahlt?

Die Use. – Ich war, als ich bei ihr Unterricht hatte, noch nicht sieben Jahre alt. Wir Kleinen durften bei dem Geschichtsunterricht der Großen zuhören. Davon ist mir eine Erzählung im Gedächtnis geblieben, die vom falschen Waldemar, der, ein Müllerbursch, behauptete, der verschollene Markgraf Waldemar von Brandenburg zu sein. Die Verbindung mit der Phantasie aller Kinder, betrogne Prinzen zu sein, meldet sich hier, der sogenannte Familienroman; zur gleichen Zeit bekam ich den Münchner Bilderbogen von dem sächsischen Prinzenraub, von dem ich früher einmal erzählt habe. Wie aus dem Spottvers hervorgeht, muß Fräulein Use volle Brüste gehabt haben, ich glaube, daß ich auf sie die Neigung zu meiner Amme übertragen habe; wenn ich nicht irre, hatten sie beide den Vornamen Bertha.
Voigt. – Er war streng und es ging die Sage von ihm, daß er die Faulen in seine Wohnung zu bestellen pflegte, um ihnen das Sitzfleisch geduldiger zu machen. Ich hatte große Angst vor solcher Züchtigung und sehnte sie doch herbei; Kindeswünsche sind genauso seltsam wie die Erwachsener. An ihn knüpft wohl die Erkenntnis an, daß alle Menschen den Perversionen, wie es dummerweise genannt wird, untertan sind, eine Tatsache, die ich täglich und überall in ärztlicher Praxis wie im Leben des Alltags bestätigt finde. Voigt riet meinen Eltern, die nicht wußten, was sie dem frühreifen und doch so unreifen Knaben zu Weihnachten schenken sollten, mir das Stollsche Geschichtswerk *Die Helden Roms* zu geben. – Und hier ist die eine Verbindung zu den Mitteilungen erd.s: Stoll erzählt, daß Hannibal, der Held meiner Knabenzeit, als er die Gallier der Poebne zum Kampf gegen Rom verführen wollte, in ihren Kreis, als er sie zagen sah, ein Pferd mit einem dichten Schweif führen ließ und den Stärksten von ihnen aufforderte, den Schweif auszureißen; als es dem nicht gelang, trat ein Krüppel des karthagischen Heers vor und raufte dem Tiere ein Haar nach dem andern aus, bis es kahl war. „So", sagte er, „werde ich Rom überwinden." Es ist dieselbe Weisheit, die der Vater die sieben Söhne lehrte.
Warum habe ich meine kleinen Erzählungen nicht an diese Liebe zu Hannibal angeknüpft, wie ich es ursprünglich beabsichtigte? Weil mir etwas zu der Arbeit einfiel, wie Kinder zu physikali-

schen Tatsachen stehen, was mir wichtiger vorkam. – Ich sehe mich als kleiner Junge, vielleicht war es bald nach meinem Eintritt in die Mädchenschule, neben meiner Mutter einherschreiten, es war kurz vor einer Brücke, die man die Kettenbrücke zu nennen pflegte, was mein Erstaunen hervorrief, denn von Ketten war dort nichts zu sehen. Kurze Zeit vor dem Ereignis, das ich erzählen will, muß ich an derselben Kettenbrücke ein Zigeunerlager gesehen haben, und Zigeuner waren für meine Phantasie stets mit der Idee des Kindesraubs (Familienroman, Use) und des Schlagens (Perversionen, Voigt) verbunden. Am Himmel standen große weiße Wolken, die mir wie Eisberge vorkamen, und plötzlich sagte ich meiner Mutter: „Ich glaube nicht, daß es Berge gibt, deren Spitzen mit Schnee und Eis bedeckt sind." Meine Mutter wunderte sich und meinte, ich müsse doch in der Schule gelernt haben, daß es solche Berge gebe. Aber ich blieb dabei, daß ich es nicht glaube. „Es kann nicht wahr sein. Berge sind hoch, ihr Gipfel ist also der Sonne näher, sie müssen wärmer sein als die Täler." Meine Mutter gab mir die übliche Erklärung, ich habe sie aber nicht akzeptiert. Der Grund, warum ich sie nicht akzeptierte, lag in der Situation. Wir gingen meine Brüder besuchen, die im Internat des Gymnasiums fern von der Mutter lebten; ich aber schritt neben der Mutter. Hätte ich zugegeben, daß es um so kälter wird, je näher man der Sonne ist, so hätte ich auch denken müssen, daß meine fernen Brüder vom Herzen der Mutter mehr Liebe geschenkt wurde als mir. Ein Kinderherz vermag genau wie das des Erwachsenen Schwarz in Weiß, Weiß in Schwarz zu verwandeln. Das Herz vermag das nicht bloß, es muß es tun, denn die Liebe ist stärker als aller Verstand. Für mich gibt es heute noch keine Schneeberge, und wenn ich sie sehe, hasse ich sie und hasse meine Augen, so daß sie zu tränen beginnen, und hasse meine Ohren, so daß sie sausen. Für mich ist es auch nicht wahr, daß die Erde eine Kugel ist, denn dann müßten die Antipoden ins Bodenlose fallen. Es ist unmöglich, daß die Mutter schwanger wird, Kugel wird, es ist nicht wahr, daß es Antipoden von mir gibt, die mit dem Kopf vornweg von der gebärenden Mutter herabfallen. Es ist auch nicht wahr, daß die Erde sich dreht, denn dann fielen wir alle in den Abgrund. Und eine Mutter dreht sich nicht um sich selbst, sie steht fest zu ihren Kindern; um die Sonne mag sie sich drehen, um den Vater, aber nicht um sich selber. Pfui!

Je näher der Sonne, um so kälter? Dann wäre es also wahr, daß je näher das Kind der Muttersonne, dem Feuer der Leidenschaft in der dunklen Himmelsöffnung des Mutterleibs, das von schwarzen Haarstrahlen umgeben ist, kommt, um so kälter wird ihre Liebe? Was soll ich mit Wissen, das so gegen das Herz spricht? Für mich ist solches Wissen falsch. Ich pfeife auf die Physik.

(VERDRÄNGEN UND HEILEN)

Jetzt also, teuerste Freundin, belieben Sie, sich unsers alten Haders über das Es zu erinnern, und tun so, als ob nichts vorgefallen wäre. Und verlangen von mir, daß ich mich wieder in Gedankengänge zurückversetzen soll, die mich, zu meinem eignen Erstaunen, vor vier Jahren quälten. Und wissen doch, daß ich allenfalls vier Tage lang behalte, was ich im Eifer des Gefechts gesagt habe, aber gewiß nicht vier Jahre. So wälze ich denn auf Ihr Haupt alle Schuld, wenn das, was ich heut schreibe, im Widerspruch mit damals steht. Warum Sie auf einmal mit solchem Eifer des Wörtleins „Es" sich annehmen, verstehe ich nicht, es müßte denn sein, daß Sie die Mode mitmachen wollen. – Sehen Sie sich vor: das Wort „Es" ist Mode; die Sache, die dahintersteckt, ist es nicht, kann es auch nie werden, sie geht gegen die Eitelkeit des Menschen, zerstört das Vertrauen zu dem Ich, und das können nur wenige vertragen. Ja, selbst bei den wenigen sind es nur kurze Stunden, in denen sie mit diesem furchterregenden Begriffe arbeiten können. Das Es ist hinter dem Ich unauffindbar versteckt und straft hart, wer den Schleier zu lüften wagt.

Aber Sie haben bestimmte Fragen gestellt, die will ich, so gut ich es vermag, beantworten.

Mit der einen bin ich rasch fertig. Sie wollen wissen, wie ich mir den Vorgang der Krankheitsheilung denke. Darüber denke ich gar nichts, überlasse dieses Gebiet mit geheimer Schadenfreude denen, die durch Amt oder Selbstüberschätzung gezwungen sind, sich in Worten über Dinge zu äußern, die noch kein Mensch enträtselt hat und die auch nie enträtselt werden können, auch dann nicht, wenn man herausfinden würde, was Leben ist. Denn das Leben ist bunt.

In der Schule gab man uns eine Rechenaufgabe, wie lange Zeit man wohl nötig hat, um alle verschiedenen Arten aufzuschreiben, in denen das Alphabet in Gedanken zusammengesetzt werden kann; wenn ich mich recht entsinne, reichte dazu die Zeit von Adam bis jetzt auch bei angestrengter Arbeit nicht aus. Wenn das Leben nur vierundzwanzig Elemente hat, vermutlich sind es mehr, wären die Vorgänge der Heilung nicht mitteilbar. Lassen wir das!

Ihre zweite Frage – oder vielmehr Ihre Behauptung, denn das bedeuten Ihre Worte, nicht eine Frage – läßt schon eher die Hoffnung auf ein anregendes Geplänkel in Briefen zu. Sie sagen: „Wenn, wie man annimmt, bestimmte Erkrankungen durch Verdrängen entstehen, so müßte, sobald das verdrängte Material bewußt geworden ist, besser gesagt, sobald es Eigentum des Bewußten geworden ist und nicht nur Redensart bleibt, die Erkrankung verschwinden. Es wäre mithin die Aufgabe der Behandlung, das Verdrängte bewußt zu machen." – Sie sind nicht die einzige, die derlei denkt und äußert, ja, es scheint auch unter den Leuten vom Fach viele zu geben, die daran glauben und danach handeln. Und ist doch alles nur halb.

Es ist nicht richtig, daß Erkrankungen durch Verdrängen entstehen; es muß schon noch etwas andres dazu kommen, damit die Verdrängung zum Erkranken verwendet werden kann. Was dieses andre ist, weiß niemand. Hie und da blitzt ein Lichtlein auf, aber ehe man sich dessen versieht, ist es erloschen, und man kann froh sein, wenn es nicht ein Irrlicht war, das in den Sumpf leitet. Es ist eben das Unbekannte, und es nützt nichts, ihm allerlei Namen zu geben wie Konstitution oder Vererbung oder Prädisposition: All solche Worte erwecken die Idee, es sei ein bekannter Inhalt darin, wenn man aber näher zusieht, sind es taube Früchte, deren Schale zu knacken es sich nicht lohnt. Das Geheimnis, das Es leitet alles, auch die Verdrängungen, und benutzt sie heute zu dem Zweck und morgen zu jenem und gelegentlich, oft, sehr oft

sogar, um den Menschen erkranken zu lassen. Warum es das tut, wie es das tut, wann es das tut, das weiß kein Mensch.
Haben Sie schon einmal über das Verdrängen nachgedacht? Ich meine, unabhängig von dem, was psychoanalytische Bücher darüber erzählen? – Vermutlich nicht; Sie taten auch recht daran. Es kommt bei solcher Neugier nichts andres zum Vorschein als die alte langweilige Wahrheit: Unser Wissen ist Stückwerk.
Da sie aber Auskunft verlangen, so will ich ein wenig davon erzählen. – Ich vermute, daß Sie eben damit beschäftigt sind, Ihren Sprößlingen den Nachmittagsimbiß zu bereiten. Sie tun das ohne besondere Aufmerksamkeit, denn Sie sind es gewöhnt, und alle Handgriffe vollziehen sich von selbst. Treten Sie Ihre Rolle an das Töchterlein ab; sie wird nicht imstande sein, sich bei dem Streichen der Brötchen so eifrig zu unterhalten, wie Sie es können. Sie können es aber nur deshalb, weil Sie gelernt haben, das, was Ihre Hände tun, zu verdrängen. Ja, aber Sie verdrängen nicht nur das Denken an die Beschäftigung Ihrer Hände, auch den größten Teil dessen, was Ihre Augen sehen, müssen Sie aus dem Bewußtsein fortschaffen; auf der Netzhaut entstehen fortwährend Tausende von Bildern von tausend wechselnden Gegenständen, die müssen Sie verdrängen. Ihr Gehörnerv wird dauernd von neuen Reizen getroffen, die sie zum größten Teil sofort aus Ihrer Denktätigkeit ausschalten müssen, wie sollten Sie sonst bestehen können? Auf Ihre Nase stürmen dichte Massen von Gerüchen ein, Ihre Haut wird durch die Bewegungen Ihrer Glieder, durch Atmen und Sprechen in ununterbrochener Erregung gehalten, und so geht es fort durch alles Leben und Denken, Empfinden und Fühlen. Im Grunde genommen ist das Wesentliche, was der Mensch tut, Verdrängen: das ist sein Leben.
Ich gebe zu, es ist nicht angenehm, sich das klarzumachen, es geht eben gegen die menschliche Eitelkeit; denn daß dieses Verdrängen nur selten von unserm Ich ausgeht, ist klar, muß selbst der begeistertste Verfechter des freien Willens, der Verantwortlichkeit, des Ichs einsehen. Und wenn er das einsieht, müßte er auch zu dem Schluß kommen, daß das „Ich tue“ ein Selbstbetrug ist. Weder Zeit noch Raum ist für ein solches „Ich tue“ vorhanden. „Ich werde getan“, so ist es und so bleibt es. Freilich hat man

Auswege gesucht und gefunden, um das armselige Überbleibsel aller Verdrängungen, das schließlich als Tat angenommen, getadelt oder gepriesen wird, als Folge des Ichwillens hinzustellen; man spricht von Sichkonzentrieren und ähnlichen Dingen, aber das ist ja unverstandenes Zeug, was dahergeschwatzt wird. Das Zentrum des Menschen ist der Nabel, wer sich konzentriert, beschaut seinen Nabel, das heißt, er tut genau das Gegenteil von dem, was die Schwätzer mit dem Ausdruck bezeichnen wollen. Ungeheure Massen strömen in Wahrheit dauernd aus der Außenwelt auf uns ein: sie würden uns vernichten, wenn nicht das Es wäre, das sichtet; was für uns paßt, verwendet es für unser Ich, und was nicht dafür paßt, verdrängt es, verwendet es für etwas andres, ab und zu für das Krankwerden. Aber wenn man sagt: Erkrankungen entstehen durch Verdrängungen, so muß man gleich hinzusetzen: auch die Heilung entsteht so, auch sie ist nicht denkbar ohne neue Verdrängungen. Das Entscheidende bei der Entstehung der Erkrankung ist nicht das Verdrängen an sich, auch nicht das Mißlingen einer Verdrängung, sondern die Absicht des Es, krank zu werden; selbstverständlich benutzt es dazu das Mittel, das es immer benutzt, zu allem, was es tut, benutzt, das Verdrängen. Aber es ist nur eine Redeweise, vom Mißlingen des Verdrängens zu sprechen; dem Es kann nichts mißlingen.
Ebensowenig kommt die Heilung durch Bewußtwerden verdrängten Materials zustande. Ab und zu sieht es so aus, als ob es so zuginge, und da das Es sehr viel Humor zu besitzen scheint, macht es sich nicht selten das Vergnügen, Bewußtwerden und Genesen zusammenfallen zu lassen, ein Verfahren, das die gescheitesten Leute verblüffen kann. Aber „Laß dich nicht verblüffen" lautet nach dem Katechismus des alten Troll, der mein Vater war und in dieser Eigenschaft allerlei Gutes und Böses in mich hineingepflanzt hat, das elfte Gebot: Viel häufiger, unvergleichlich viel häufiger tritt Genesung ein, ohne daß das mindeste von verdrängtem Material ins Bewußtsein käme. Die Tätigkeit des Menschen ist Verdrängen, ist, das Geschehen und Leben, Krank- und Gesundwerden hinter dem Nebel des Bewußtseins sich abspielen lassen.
Was in aller Welt, werden Sie fragen, will denn die Psychoana-

lyse, wenn sie nicht beabsichtigt, Verdrängtes bewußt zu machen? Ich habe nicht behauptet, daß die Psychoanalyse das nicht beabsichtige, nur ist das nicht die Absicht der psychoanalytischen Krankenbehandlung. Die Psychoanalyse hat aber viele und, man kann es nicht offen genug sagen, da Neigung besteht es zu vergessen, wichtigere Arbeitsfelder als die der Krankenbehandlung: sie ist, daran kann man nicht mehr zweifeln, der gangbare und unbedingt zu begehende Weg zur Erforschung des Menschen und damit zur Erforschung der Welt und sie ist der gangbare Weg für jeden, um den Haß zu verlernen und das Lieben zu erlernen. Sie ist trotz ihres Ursprungs identisch mit dem Verfahren dessen, der sich des Menschen Sohn nannte, vielleicht sogar wegen ihres Ursprungs: denn so schmerzlich es für die Hasser in der Welt sein mag, es läßt sich nicht leugnen, daß Christus ein Jude war. Freilich haben die Juden ihn auch gekreuzigt, aber es ist unbillig, ihnen das zum Vorwurf zu machen: Wir hätten es vermutlich nicht besser gemacht.

Für das Hauptziel der Psychoanalyse, die Erlösung des Menschen trifft also zu: sie will oft Verdrängtes bewußt machen. Der Arzt aber, der in der Krankenbehandlung Psychoanalyse verwendet, will etwas andres: er will die Widerstände des Kranken gegen die Genesung, gegen die Welt, gegen sich selbst beseitigen; dazu muß er diese Widerstände kennenlernen und dem Kranken zeigen, und da diese Widerstände mannigfaltig mit verdrängtem Material durchwoben und verstärkt sind, so bleibt ihm mitunter nichts andres übrig als sich mit dem Unbewußten zu beschäftigen. Der Zweck, den er dabei verfolgt, ist aber nicht, Unbewußtes bewußt zu machen, sondern den Heilungstendenzen des Organismus freie Bahn zum Wirken zu schaffen. Ärztliche Behandlung ist Widerstandsbehandlung. Verwendet man dabei Psychoanalyse, was oft im Interesse des Kranken, immer im Interesse des Arztes liegt, da er nur auf diesem Wege zur Zeit bis zur Höhe des erreichbaren Wissens und Könnens gelangen kann, so geschieht es nicht, um Verdrängungen zu lösen, dem Bewußtsein zugänglich zu machen, sondern nur, um die bestimmten Arten des verdrängten Materials, die die Genesung verhindern, aus der Enge, in der sie sich befinden, zu erlösen.

Freud hat, wenn ich recht unterrichtet bin, ursprünglich angenommen, daß es verdrängtes Material gibt, das eingeklemmt ist und, da es nicht vorwärts und nicht rückwärts kann, zur Krankheit greift; folgerichtig nahm er an, daß die Genesung eintreten könne, nicht müsse, wenn die Einklemmung beseitigt werde. Er ist sich aber, so nehme ich an, darüber klargewesen, daß das Verdrängte, sobald es aus der Einklemmung befreit war, ebensogut nach unten, in größere Tiefen des Unbewußten sinken könne wie nach oben, in das Bewußte steigen. Der Effekt konnte beide Male günstig sein: keiner von beiden Wegen hatte Vorzüge vor dem andern. Freud hat aber niemals behauptet, daß alle Erkrankungen, oder auch nur der Teil, den er als Neurosen bezeichnete, nur durch solche Einklemmungen bedingt seien oder daß eine Heilung eintreten müsse, wenn die Einklemmung gelöst sei. Er ist nicht blind und weiß so gut wie jeder, der seine fünf Sinne gebraucht, daß mindestens fünfundneunzig Prozent aller Erkrankungen heilen, ohne daß die Behandlung das mindeste dafür kann.
Freud war also der Meinung, daß es bei der krankenbehandelnden Analyse nicht auf das Bewußtmachen, sondern auf die Beseitigung des einklemmenden Unfugs, des Widerstandes ankäme. Vielleicht hat er diese Meinung noch: wenn es aber seine Meinung nicht ist, so ist es jedenfalls meine Meinung, und meine Meinung wollen Sie ja hören.
Als ich noch jung war – ich hatte damals noch keine Praxis, spielte nur Militärarzt – brachte man eines Tages ein schreiendes kleines Mädchen mit der Bitte, ihm zu helfen, da gerade kein andrer Arzt zur Hand sei. Es nahm mich nicht wunder, daß die Kleine schrie: aus ihrem Munde hing ein altväterisches Ungeheuer von einer Uhr, deren stählerne Kette in den Tiefen der Mundhöhlung verschwand. Das Kind hatte mit der Uhr gespielt, die Kette verschluckt und bei dem Versuch, sie wieder herauszuziehen, hatte sich der spitze Haken, mit dem die Kette im Knopfloch befestigt zu werden pflegte, hinter den Gaumensegeln im Fleisch festgehakt. Ich habe, wie es ja natürlich war, den Haken mit dem Finger aus seiner Einklemmung gelöst – Unbewußtes bewußt gemacht, wenn Sie so wollen – und die Sache war gut. – Einige Jahre darauf geschah das Umgekehrte: ein Kind hatte eine

Münze verschluckt, die sich am Eingang der Speiseröhre festgeklemmt hatte. Nach einigen vergeblichen Rettungsversuchen der Mutter, bei denen das Auf-den-Kopf-Stellen des Kindes eine Rolle gespielt hatte, wurde ein Arzt zugezogen, der mit Pinzette und allerlei langen Zangen das Geldstück herauszubefördern suchte; das einzige Resultat war, daß die ganze Rachenwand wund wurde und daß das Geldstück mehr in die Tiefe gedrückt wurde und mit Instrumenten nicht mehr erreicht werden konnte. Jetzt kam der Arzt auf den Gedanken, es ganz in die Unterwelt des Bauchs hinabzustoßen; aber die Mutter hatte das Vertrauen zu ihm verloren, ging zu mir, und ich erntete Lob für das, was man ihn verhindert hatte zu tun: ich stieß die Münze mit der Schlundsonde nach unten. Ziehen Sie bitte die Schlußfolge aus den beiden Ereignissen, so haben Sie meine Ansicht über das Behandlungsverfahren der ärztlichen Analyse. Es kommt nicht darauf an, irgend etwas Unbewußtes bewußt zu machen, sondern die Einklemmung zu beseitigen: und da ist es nicht so selten, daß das Verdrängte, statt bewußt zu werden, in den Tiefen versinkt.

Es gibt Weise, namentlich unter meinen Mitkämpfern in der Psychoanalyse, die wollen es durchaus nicht glauben, daß eine Behandlung auch Erfolg haben könne, wenn gar nichts Unbewußtes zum Vorschein kommt. Na ja. Habeant sibi! Mir ist es gleichgültig. Ich glaube an die Notwendigkeit symptomatischer Behandlung und halte es für eine Spielerei, wenn ein Arzt sich mit kausaler Behandlung abgibt, und für eine Anmaßung, wenn er glaubt, er könne einem Menschen dadurch dauernd helfen, für alle Zukunft oder auch nur für kurze Jahre, daß er ihn „durchanalysiert". Der Vorzug analytischer Behandlung liegt nicht darin, daß sie infolge Bewußtmachens des Unbewußten gründlicher oder sicherer heilt als andre Behandlungen, wenn es solche überhaupt gibt, was ich zu bezweifeln wage – nicht jeder weiß, was er tut – sondern darin, daß sie oft das einzige Mittel ist, das Es des Menschen in den tiefsten Tiefen in heilsame Bewegung zu setzen. Damit sollte man sich begnügen.

Bei all dem muß ich noch erwähnen, daß sich meine Ansichten über die Behandlung der Widerstände auf ein viel weiteres ärztliches Gebiet erstrecken als es bei Freud der Fall ist: ich gebe zu, daß bei der Behandlung von Neurosen oft mehr verdrängtes Material zum Vorschein kommt als bei der Behandlung organischer Leiden. Aber das gilt nur im großen und ganzen. Ich bilde mir ein, manchmal bei organischen Erkrankungen tiefer in das Unbewußte eingedrungen zu sein, als es jemals bei der Behandlung der Neurosen möglich ist. Entscheidend für den Erfolg ist das aber nicht, über den Erfolg entscheidet die Beseitigung des Widerstands.

Ehe ich das ärztliche Gebiet verlasse, muß ich noch etwas über eine andre Verwendung der Psychoanalyse in der ärztlichen Praxis sagen, das ist das Diagnostizieren. Sie wissen, ich schreibe dieser Tändelei, die in so hoher Achtung bei dem Tyrannen Publikum steht, wenig Bedeutung zu. Fast alle Krankheiten kümmern sich nicht darum, was für eine Diagnose gestellt wird. Aber unter den fünf Prozent aller Kranken, für die Schweninger und seiner Lehre folgend ich überhaupt nur ärztliches Eingreifen für angezeigt halten, sind einige, bei denen ist die Diagnose wichtig. Nur muß es eine andre Diagnose sein als die, die sich ohne Berücksichtigung des Unbewußten stellen läßt. Es versteht sich von selbst, daß ein Arzt leidlich mit physikalischen und chemischen Untersuchungsmethoden Bescheid weiß: zu diesem Zweck quält er sein Gehirn ja viele Jahre lang auf der Universität. Aber das ist der unwesentliche Teil der Untersuchung. Eine annähernd richtige Diagnose kann heutigen Tages bei den fünf Prozent untersuchenswerter Objekte nur unter Verwendung der psychoanalytischen Methode gestellt werden; so wie es jetzt auf den Universitäten getrieben wird, ist es eine Schande. Die Universitäten sind samt und sonders dreißig Jahre hinter der Wissenschaft zurück.

Verzeihen Sie diesen Ausbruch meines Temperaments! Ich wollte ja etwas ganz andres zur Sprache bringen, nämlich, daß für die Diagnose, also manchmal auch für die Behandlung, wenn auch nur indirekt, das Bewußtmachen unbewußten Materials unentbehrlich ist, daß also mitunter die Behandlung des Widerstandes erst beginnen kann, wenn mit Hilfe der Analyse das Unbewußte zum Vorschein kommt. Sie begreifen aber, daß das etwas ganz andres ist als das, was so viele Laien und Ärzte für den Sinn der Analyse halten.

Und hier ist es an der Zeit, nochmals zu sagen, daß die Psychoanalyse nicht nur ein Hilfsmittel des Arztes ist, um Kranke zu behandeln. Wenn das wäre, brauchte man nicht so viel Geschrei darum zu machen. Dann würde ich sie wenigstens anwenden, ohne mich darum zu kümmern, ob die Kollegen es auch tun. Ich fühle mich nicht verpflichtet, den ärztlichen Schullehrer zu spielen. Aber ich habe an meinem eigenen Selbst erfahren und sehe es täglich an andern: Psychoanalyse ist mehr als eine ärztliche Sache. Sie ist innig verknüpft mit allen Menschheitsfragen. Sie gibt uns neue schärfere Sinne, sie lehrt uns neue Welten kennen, sie schenkt uns neue Forschungsgebiete und neue Forschungsmethoden, sie gibt uns ein neues kindliches Gemüt und neue Liebensmöglichkeiten. Und das alles tut sie kraft ihres Bewußtmachens des Unbewußten. Solch großen Leistungen gegenüber ist es nicht so überaus wichtig, ob man der Ansicht ist, in der Krankenbehandlung komme es auf das Bewußtmachen unbewußter Dinge oder auf das Behandeln der Widerstände an.
Wer analysiert, gewinnt auf bestimmten Gebieten ein großes Übergewicht über Mitmenschen und Mitwelt und ich habe noch keinen getroffen, der es fertiggebracht hätte, nicht mehr zu analysieren, wenn er es einmal längere Zeit getan hat. Selbst Sie, liebe Freundin, die Sie das alles nur vom Hörensagen kennen, also im Grunde gar nicht, denn Analyse ist eine absolut praktische Sache, selbst Sie kommen nicht wieder davon los. Des freut sich von Herzen

Ihr Patrik Troll.

DAS ES UND DIE PSYCHOANALYSE

Erster Vortrag an der Lessinghochschule

Wir Menschen sind vom Leben gezwungen, Wörter zu gebrauchen, und glauben, weil wir solche Wörter brauchen, wir seien uns auch stets des Sinns bewußt, der mit diesem oder jenem Wort verbunden ist. Das ist aber nicht der Fall. Nehmen Sie eine so häufig gebrauchte Redewendung wie „Ich habe mich erkältet".

Wer denkt dabei daran, daß sich in diesem Wort eine der üblichen Auffassung entgegengesetzte Theorie der Krankheitsentstehung ausspricht: nicht die Kälte, nicht das, was von der Umwelt ausgeht, ruft die Erkrankung hervor, sondern ich, der erkrankt, benutze diese an sich harmlose Ursache, um mich durch sie krank zu machen. Ähnlich liegen die Dinge bei Ausdrücken wie „Er hat sich das rechte Bein gebrochen, er hat sich eine Lungenentzündung zugezogen, er hat sich da und da angesteckt": immer liegt in den Worten der Sinn, daß der Mensch sich absichtlich krank macht, daß er eine sich ihm bietende Gelegenheit ergreift, um sich zu schädigen. Dem Sinne nach ist das „Ich erkälte mich" dem „ich schneide mir den Hals ab" ähnlich. – Den umgekehrten Sinn scheinen andre tägliche Redewendungen zu haben, etwa „dieses Geschwätz macht mir Übelkeiten" oder „bei diesem Anblick bekam ich Herzklopfen"; darin spricht sich der Versuch aus, die Außenwelt für unsere Erlebnisse verantwortlich zu machen. Deutlich kann man die Unterschiede verfolgen, wenn man mit irgend einem Kriegsteilnehmer über seine Schicksale spricht: jetzt sagt er: „An der Marne wurde ich am linken Bein verwundet" und eine Minute später: „Meinen Kopfschuß habe ich mir während der Sommeschlacht geholt." Zwei verschiedene Weltanschauungen äußern sich da; denn derlei sich anscheinend widersprechende Redeweisen werden auch für andre Dinge gebraucht, nicht nur bei Krankheiten: heut heißt es: „Während der Inflationszeit habe ich mein ganzes Vermögen verloren" und morgen: „Die Inflation hat mich gänzlich ruiniert."
Aus dieser kleinen Betrachtung geht hervor, was für ein seltsam Ding unsere Sprache ist, daß sie Dinge sagt, die wir nicht beabsichtigen zu sagen, daß wir ebensowenig wissen, was wir reden, wie was wir tun. Die Beispiele, die ich gab und an die sich vielleicht später allerlei Merkwürdiges über Krankheit und Krankheitsursache anknüpfen läßt, sollen Sie dazu geneigt machen, auch einmal andre Wörter sich etwas genauer anzusehen, vor allem das Wörtchen „Ich". Man muß ja zugeben: ohne dies Wort geht es nicht, wollte man es aus dem Sprachschatz wegnehmen, so stände das menschliche Denken still und es gäbe keine Möglichkeit der Verständigung mehr. Und doch steckt ganz etwas andres

hinter dem Wort, als wir vermuten, und es sagt etwas andres als wir zu sagen beabsichtigen.

Das Wort Ich löst den Menschen, der es gebraucht – im Denken oder im Sprechen oder im Hören – aus dem Zusammenhang der Dinge heraus, es behauptet, daß der einzelne Mensch etwas Verschiedenes von der übrigen Welt sei, es teilt das All in zwei Teile: in Ich und Welt, in Ich und Nicht-Ich. Der Mensch bekommt, sobald er dieses Wort denkt, eine Sonderstellung, er wird verantwortlich dadurch und schuldig, es drückt seinen seltsamen und doch so unbegründeten Glauben an seine Macht aus, an seine Fähigkeit, frei zu wollen. Ein jeder, der sich es einen Augenblick überlegt, weiß, daß es den freien Willen des Menschen nicht gibt, daß es aber außerhalb alles Menschenseins liegt, nicht an den freien Willen zu glauben. Die ganze Frage des freien Willens ist ein falsch gestelltes Problem, das aufhört zu existieren, sobald man sich darüber klarwird, daß der Glaube an den freien Willen ein Organ des Menschen ist, mit Hilfe dessen er lebt, ohne das er nicht Mensch sein kann, daß aber Willensfreiheit in Wirklichkeit nicht existiert, ebensowenig existiert, wie der Mensch der Welt als selbständig getrenntes Einzelwesen gegenübersteht.

Gibt es ein Ich? Das Gefühl, ein Ich zu sein, hat ein jeder, aber dieses Gefühl beweist nichts für die Wirklichkeit des Ichs. Wenn das Wort, das die Idee der Abgeschlossenheit, des Individuumseins in sich enthält, dem Begriff, der sich damit verbindet, entspräche, müßten Grenzen des Ichs zu finden sein, ein zeitlicher und räumlicher Anfang. Beides suchte man vergeblich, wollte man danach forschen. Wo soll man das Leben des Menschen beginnen lassen? Ist die Geburt der Beginn des Lebens? Aber der Mensch lebt schon im Mutterleibe. – Ist es der Augenblick, in dem das Tatsache wird, was wir Lebensfähigkeit nennen, also etwa der siebente Schwangerschaftsmonat? Aber es ist nur eine Frage der Zeit, bis die Wissenschaft und das Können des Menschen den Zeitpunkt der Lebensfähigkeit weiter zurückrücken wird. – Ist es der erste Herzschlag oder ist es die Empfängnis? Der Mensch lebt schon vor der Empfängnis, er lebt schon, ehe denn Abraham war; er beginnt nicht, er ist da von Beginn an, er ist von Ewigkeit zu Ewigkeit.

Und wo sind die räumlichen Grenzen des Menschen? Wann ist ein Stück Brot, das wir essen, Mensch geworden? Wann gehört der Sauerstoff, den wir einatmen, zum Ich? Wird der Lichtstrahl Teil des Menschen, wenn er die Hornhaut durchdrungen hat, ehe er noch die Netzhaut erreichte? Ist er erst dann Mensch, wenn sein Eindruck vom Gehirn wahrgenommen wurde? Wo, in welchem Bestandteil unseres Hörapparats wird der Laut, der unser Ohr trifft, Teil des Menschen? Gehört das Wort, das wir gesprochen haben, der Gedanke, den wir dachten, die Empfindung, die wir fühlten, noch zu unserm Ich oder hörten diese Dinge auf Mensch zu sein in dem Augenblicke, wo sie geschahen? und wann war dieser Augenblick? Nirgends ist eine Grenze, überall nur untrennbarer Zusammenhang, nirgends der kleinste Zwischenraum, in dem ein Ich Platz hätte.

Der Ausdruck „Ich" ist aber da, er wird gebraucht, hat irgendeinen Sinn und Zweck. Wenn das, was er uns zwingt zu denken – daß nämlich dem Ich ein davon getrenntes Nichtich gegenübersteht, daß Ich und All Verschiedenes ist – ungenaues Denken ist, muß das Wort eine andre Bedeutung haben, als wir gewöhnlich annehmen, und hinter diesem Wort muß sich irgend etwas verbergen, was stark genug ist, uns falsch denken zu lassen, ohne daß dadurch der Weltlauf geschädigt wird; ja, man darf wohl annehmen, daß diese geheimnisvolle Kraft, dieses Etwas, dieses Es, das Wort und Begriff „Ich" erfunden hat, bestimmte Zwecke damit verfolgt und auch erreicht, daß es den Menschen verdummt, daß es ihm ein Ichgefühl gibt, ohne das er nicht Mensch sein kann.

Wenn jemand sagt: Ich esse ein Stück Brot, so klingt das richtig; wenn er sagt: ich verdaue das Brot, das ich gegessen habe, so klingt das auch richtig. Wenn aber jemand sagen wollte: ich esse von dem Stück Brot nur so viel, wie ich unbedingt brauche, und nicht ein Tausendstel Milligramm mehr oder weniger, so ist das Unsinn, da man immer nur ungefähr weiß, wieviel man unbedingt nötig hat, und da wir nicht imstande sind, von dem Brot genau das abzuteilen, was wir brauchen, da außerdem bestimmte Mengen während des Kauens und Schluckens hier und da auf dem Wege verlorengehen. Noch weniger sind wir imstande, mit un-

serm Ich zu entscheiden, was und wieviel von dem Brot wir in den Kreislauf des Organismus aufnehmen wollen, an welcher Stelle und mit welchen Teilen unsrer Verdauungswerkzeuge wir das verwandelte Brot durch die Darmwände hindurchtreten lassen wollen, wo und zu welchen Zwecken es verwendet wird, im Gehirn, in der Muskulatur, im Auge oder wo sonst. Mein Ich hat mit diesen Dingen nichts zu tun, und doch geschehen sie innerhalb dessen, was ich mein Ich nenne. Geht man nun das Handeln, Denken, Fühlen, kurz, das Leben des Menschen durch und prüft die Vorgänge, so stellt sich heraus, daß überhaupt kein einziges Geschehen irgendwie vom Ich ausgeführt wird, daß vielmehr alles durch die Zusammenhänge des All bedingt wird und daß, wollte man eine unzweifelhafte Wahrheit über Menschliches sagen, man den gesamten Kosmos kennen müßte. Da das nicht geht, andererseits aber der Mensch die notwendige Eigenschaft des Denkens und Sprechens über Menschliches hat, so erfand sich das tägliche Leben das Wort Ich und denkt und spricht so unbefangen damit, als ob in diesem Wort etwas Wesentliches enthalten wäre; freilich liegt schon in der merkwürdigen Tatsache, daß der primitive Mensch, vor allem das Kind den Ausdruck „Ich" nicht verwendet, der Beweis, daß das Ich etwas Erdachtes, nichts Ursprüngliches ist.
Der Brauch, „ich" zu sagen und zu denken, befruchtet unser Leben, daran ist nicht zu zweifeln; er hat aber eine verhängnisvolle, wenn auch notwendige Folge: er zwingt uns, unserm Leben und Tun Verdienst und Schuld anzudichten, Verantwortung zu empfinden. Es wäre ein Frevel, wollte man versuchen, dem Menschen das Verantwortungsgefühl fortzunehmen, die Welt würde stillstehen, wenn es gelänge. Es wird nie gelingen und das ist gut. So gewaltig und herrlich aber dieses Verantwortungsgefühl ist, so glücklich und unglücklich es uns macht, für die unbefangene Betrachtung menschlichen Lebens, ja, für die Möglichkeit, bestimmte menschliche Kräfte – man kann sie fast die höchsten und besten Kräfte des Menschen nennen, denn sie umfassen das, was wir mit gutem Recht und ohne Lüge Liebe nennen – wirksam zu machen, ist das Gefühl, verantwortlich zu sein, ein beinahe absolutes Hindernis. Mit andern Worten, der Gebrauch des Worts

„Ich" verschließt die wesentlichen Lebensgebiete. Um sie zugänglich zu machen, muß man Wort und Begriff „Ich" zeitweise, sooft es nur möglich ist, was freilich nur selten der Fall ist, beiseite schieben und versuchen, ohne dieses Wort auszukommen. Schön wäre es, wenn wir statt dessen „All" setzen könnten oder „Welt" oder „Natur" oder, was wohl das Einfachste wäre „Gott". Das geht aber nicht, da wir nur menschlich denken können und uns versagt ist, das Denken der Fliege oder des Steins, ja, selbst den größten Teil des Denkens unsrer Mitmenschen zu verstehen. Es bleibt nichts andres übrig, als nachzuahmen, was der Alltag durch die Erfindung des Wortes „Ich" tat, den einzelnen Menschen aus den Zusammenhängen herauszulösen, allerdings mit dem Bewußtsein, daß wir das Weltbild dadurch absichtlich entstellen, und diesem Einzelnen einen möglichst biegsamen, unbestimmten Namen zu geben, eine Bezeichnung, die von vornherein klarmacht, daß jeder Versuch der Definition scheitern muß. Seit vielen Jahren benutze ich zu diesem Zweck das Wort „Es". Ich habe mich dazu erzogen, statt des Satzes: ich lebe, zu denken: ich werde von einem Es gelebt. Ich bin mir aber dabei bewußt, daß dieser Satz ebensowenig der Wahrheit entspricht, wie der: ich lebe. Das in das Unpersönliche umgewandelte Sprechen und Denken und – auch dahin bringt langjährige Übung – Empfinden erleichtert eine bestimmte Art des Arbeitens und Untersuchens. Ich lege Wert darauf, daß es sich bei der Verwendung des Worts „das Es" nur um eine Hilfskonstruktion handelt.
Das Es des Menschen beginnt, da man es doch irgendwann beginnen lassen muß, mit der Befruchtung. Es enthält alle die Kräfte, die den Aufbau und das Weiterleben des Einzelmenschen beherrschen. Das Auszeichnende dieses Wesens ist, daß es ohne Gehirn die schwierigsten Lebensaufgaben löst, ja, daß das Gehirn und damit auch das Denken und weiterhin das Bewußtsein und das Ich von ihm geschaffen werden. Das Es ist das tiefste Wesen und Wirken des Menschen. Es vollführt alles, was mit und in und durch den Menschen geschieht, es läßt ihn entstehen, gibt ihm all seine Organe und Lebensmöglichkeiten, hilft ihm aus dem Mutterleib ans Licht des Tages, tut alles, was scheinbar der Mensch tut, nach eignem nie fehlgreifendem Ermessen, schafft

Sprechen, Atmen, Schlafen, Werk und Freude und Ruhe und Liebe und Leid, stets mit richtigem Urteil, stets zweckmäßig und stets mit vollem Erfolg, und tötet den Menschen, wenn er lange genug gelebt hat.

Mit diesen kurzen Worten lasse ich es vorläufig genug sein; im weiteren Verlauf der Vorträge wird sich Gelegenheit bieten, sich mehr mit dem Es zu beschäftigen. Heute möchte ich nur noch zweierlei kurz besprechen: das Verhältnis des Es zum Ich und die Beziehungen die zwischen dem Es und der Psychoanalyse bestehen oder angeknüpft werden können.

Vom Ich brauche ich kaum zu sprechen; es ist eine Maske, die das Es braucht, um sich vor dem Wissenwollen des Menschen zu verstecken. Darin zeigt sich deutlich die große Schwierigkeit, die den Forschungen auf diesem Gebiet entgegenstehen: das Es liebt das Dunkel und ist seltsam wie das Leben selbst, das nach Nietzsches Ausspruch lacht, wenn der Mensch ernst sich damit beschäftigt, und ernst wird, wenn der Mensch mit ihm zu spielen gedenkt. Daß es aber mit der Fiktion eines Ich Großes erreicht, was sich hie und da als Erfolg dieses Versteckspielens nachweisen läßt, kann ich im Augenblick füglich übergehen, da sich dafür die Beispiele im Laufe der Vorträge von selbst finden werden.

Was hat nun die Psychoanalyse mit dem Es zu tun? Das ist in zwei Worten gesagt: Die Psychoanalyse ist zur Zeit der beste Weg, um dem Es näherzukommen.

Was versteht man nun unter Psychoanalyse? Das ergibt sich aus dem Namen: es ist die Untersuchung der Psyche, und zwar einer bestimmten Art Psyche, nämlich der Lebensgebiete, die Freud als Psyche bezeichnet hat. Freud versteht unter dem Ausdruck Psyche alles das, was im Bewußtsein ist, und alles das, was einmal im Bewußtsein war, aber aus dem Bewußtsein verdrängt, unbewußt geworden ist. Psychoanalyse ist also, allgemein gesagt, die Beschäftigung mit dem Bewußten und Unbewußten.

Es haben sich, seit Freud seine Entdeckungen gemacht hat, eine Menge Vorstellungen über das gebildet, was er lehrt; das ist bedauerlich für unsre Zeit, weil diese grundsätzlichen Irrtümer die Zeit der Geistesumwälzung, die Freud hervorbringt, unabsehbar in die Länge zieht; das hat jedoch auch wieder sein Gutes, weil dadurch den Ereignissen – diesen wichtigsten Ereignissen langer Jahrhunderte – das Gewaltsame genommen wird. Ich möchte aber doch meine Hörer bitten, wenn sie sich irgendwie mit der Psychoanalyse auseinandersetzen wollen – und das gehört jetzt in des Menschen Leben hinein, wie das Lesen und Schreiben – sich an die Quelle zu wenden, das heißt: Freuds eigne Bücher zu lesen. Abgesehen davon, daß diese Bücher als Kunstwerke mit das Schönste sind, was in der deutschen Literatur existiert, werden Sie auch aus dem, was über Freud geschrieben oder gesagt wird, niemals ein auch nur annähernd richtiges Bild von dem bekommen, was er meint; ich mache bei diesem Satze auch für mich keine Ausnahme, was ich Ihnen über Freud sage, ist das, was ich mir aus seinen Mitteilungen herausgelesen habe, braucht deshalb aber noch längst nicht das zu sein, was er gemeint hat. – Um Ihnen einen Begriff davon zu geben, wie gründlich seine Ansichten schon jetzt entstellt sind und täglich entstellt werden, mache ich Sie darauf aufmerksam, daß Leute, die den Ausdruck „Unterbewußt" brauchen, niemals auch nur das geringste von Freud verstanden haben, ja, daß sie vermutlich niemals sich auch nur für die Dauer einer Stunde mit seiner Lehre beschäftigt haben: Freud braucht dieses Wort nie, mit Ausnahme von ein paar Stellen, wo er sich gegen das Wort „Unterbewußt" wehrt. Für ihn existieren nur die Ausdrücke „Bewußt" und „Unbewußt"; beide zusammen umfassen die Gebiete der Psyche.

Ich muß an dieser Stelle noch einen Augenblick verweilen. Das Wort „Unbewußt" bedeutet nicht dasselbe wie das Wort „Es". Was unbewußt ist, war einmal zu irgendeiner Zeit im Bewußtsein; das Unbewußte hat die Existenz des Gehirns zur Voraussetzung. Das Es ist aber schon vor dem Aufbau des Gehirns da, das Gehirn ist ein Werkzeug des Es, womit es aus unbekannten Ursachen bestimmte, nicht allzugroße Lebensgebiete unserm Denken zugänglich macht, dabei aber Sorge trägt, daß dieses Gehirn uns auch allerlei dem Menschen eigentümliche Torheiten vorspiegelt wie beispielsweise den Ichglauben. Es und Unbewußt sind, ich wiederhole es, zwei völlig verschiedene Begriffe: das Unbewußte ist ein Teil der Psyche, die Psyche ein Teil des Es. Danach ist Beschäftigung mit dem Es auch nicht dasselbe wie Psychoanalyse. Das Es ist der Mensch selbst in all seinen Lebensformen und als solches weder der Psychoanalyse, noch sonst irgendeiner Untersuchungsmethode frei zugänglich; wohl aber gibt es Wege, die bis in die Nähe des Es führen, und der beste dieser Wege, der, der am nächsten an das Ziel herankommt, ist Psychoanalyse. Es wird sich das in kurzer Zeit auch dem böswilligen Gegner Freuds so deutlich aufdrängen, daß er nicht mehr wagen wird, diesen Namen anders als mit dem Gefühl der Ehrfurcht auszusprechen. Schon jetzt – es sind erst dreißig Jahre vergangen, seit Freud seine ersten Mitteilungen gemacht hat – ist die Welt durch ihn gewandelt; es wird in absehbarer Zeit kein Gebiet des Wissens und Denkens mehr sein, das nicht in seinen Grundlagen durch psychoanalytische Erkenntnisse verändert wäre. Bisher sieht es am schlimmsten auf dem Gebiete aus, auf dem Freud seine Entdeckungen gemacht hat, auf dem Gebiete der Medizin: sie ist dreißig Jahre hinter der Zeit zurück, und leider, statt sich ein wenig zu beeilen, hält sie es für wichtiger, erst die Brotfrage zu erledigen, ehe sie sich mit den Fundamenten des Lebens auseinandersetzt.

Ich behauptete, die Psychoanalyse sei zur Zeit der beste und kürzeste Weg, um dem Leben näherzukommen. Lassen Sie mich Ihnen ein Beispiel geben, was ich darunter verstehe. Ihnen allen ist die seltsame Tatsache bekannt – sie ist Ihnen so bekannt, daß Sie sie gar nicht des Nachdenkens wert halten –, daß bei einer Scharlachepidemie nicht alle Kinder einer Familie erkranken, sondern nur einige, vielleicht drei von fünf Kindern. Man hat dafür mannigfache Erklärungen zu geben versucht; sie haben alle das eine gemeinsam, daß es keine Erklärungen sind, sondern nur Redensarten, Wörter. So sagt man, das eine Kind hatte eine stärkere Konstitution; das ist aber nur eine Umschreibung der Tatsache, daß es nicht angesteckt worden ist. Es war nicht prädisponiert, es war immun, der Zufall führte dem einen Kinde mehr Ansteckungsstoffe zu als dem andern. All solche Sätze sind entweder, wie der letzte, nachweislich falsch oder es steckt nicht der mindeste Sinn dahinter; es sind Umschreibungen ähnlicher Art wie das mit vielem Ernst geäußerte und mit noch größerem Ernst aufgenommene Augurenwort: „Dieser Schmerz ist neuralgisch";

als ob es andre als Nervenschmerzen gäbe. In das Wirrsal der Prädisposition für Ansteckungen hat nun die Psychoanalyse Ordnung gebracht. Sie wendet sich nämlich an den Kranken selbst, an seine Psyche, an sein Bewußtes und noch mehr an sein Unbewußtes mit der Frage: Warum hast du dich angesteckt? Was bewog dich, aus den Keimen, die um dich herum waren und in dich hinein gelangten, einige so zu züchten, daß du sie zum Entstehen deines Scharlachfiebers benutzen konntest? Und auf diese Frage erhält man, wenn man nach der Methode verfährt, die Freud angegeben hat, Antwort, wie es scheint, richtige Antwort oder wenigstens nützliche Antwort, da oft, sehr oft sogar, das Es, sobald es zweckmäßig gefragt wurde, so daß es antworten konnte, das Kranksein aufgibt; es scheint, daß Krankheit häufig nur eine Flucht vor Unverstandenem und eine Abwehr gegen Unerträgliches ist. Daraus erklärt sich auch, warum gerade das Kindesalter besonders oft der Ansteckung ausgesetzt ist, da es ja am schwersten am Leben zu kauen hat. Mit andern Worten: ohne Freud und die Psychoanalyse würden wir nicht wissen, was wir jetzt wissen, daß jede Erkrankung einen bestimmten Sinn für den Kranken hat, daß sie beabsichtigt ist, bewußt oder unbewußt beabsichtigt, und daß man durch Enträtselung dieser Absicht, dieses Sinnes behandeln kann.

Ein andres Beispiel: es gibt eine Menge Menschen, die – auch das ist Ihnen bekannt, so bekannt, daß es des Nachdenkens nicht mehr wert erscheint – in ihrer Kindheit dieses oder jenes auffällige Talent hatten; im Laufe des Lebens geht es aber verloren oder wird, um die gebräuchliche Rede zu verwenden, nicht entwickelt. Die Psychoanalyse hat gelehrt, daß ein solches Talent nicht etwa verloren ist, sondern nur verdrängt, daß das Es aus irgendwelchen, sehr oft auffindbaren Gründen es für zweckmäßiger hielt, keinen Gebrauch von dem Talent zu machen. Gelingt es – und es gelingt mit Hilfe der Psychoanalyse gar nicht selten –, das Es zu überzeugen, daß die Ausnützung dieses bestimmten Talents keinen Schaden, weder seelisch noch materiell, bringt, so ist auf einmal das Talent wieder da, ja mehr als das: es hat sogar durch den jahrelangen Schlummer an Intensität und an Übung gewonnen, trotzdem es nicht geübt wurde; so gibt es Klavierspieler, die Jahre lang keine Taste angerührt haben und, nachdem die Psychoanalyse sie eindringlich und verständnisvoll über die Ursachen ihrer Abneigung gegen das Spielen gefragt hat, plötzlich besser spielen können als zu der Zeit, wo sie mit Anstrengung vier Stunden täglich mit Klavierüben verbrachten.

Ich hoffe, die beiden Beispiele sind klar genug, um Ihnen Lust zu geben, einmal mit meinen Augen sich das tägliche Leben, den Alltag anzusehen, mit dem sich der nächste Vortrag beschäftigen soll.

DER ALLTAG

Zweiter Vortrag an der Lessinghochschule

Irgendeine Definition des Es zu geben, ist nicht möglich; wohl aber bietet der Alltag genug, um darzulegen, was ich meine. Täglich und stündlich verwerten wir in unserm Denken, Empfinden und Handeln Dinge, von denen wir genau wissen, daß sie unabhängig von allem, was Ich genannt wird, vor sich gehen, die wir aber, da wir dem Es-Willen, dem Menschsein unterworfen sind und nicht ohne den Irrtum, den uns das Es befiehlt, leben können, als Grundlage für unsre Meinungen über unser eignes und über ein fremdes Ich nehmen.

Wenn wir uns irgendwie mit uns selbst oder mit einem Mitmenschen beschäftigen, so beschäftigen wir uns mit seinem Ich, als ob das das Wesentliche an ihm wäre; wir können vielleicht für einige Zeit uns bemühen, das Ich beiseite zu schieben und statt dessen mit dem unbestimmten Es zu operieren – und ich bitte Sie, das wenigstens heute abend, so gut es gehen will, zu tun; aber schon nach kurzen Augenblicken stellen sich kaum überwindbare Schwierigkeiten ein. Wir wissen zum Beispiel recht gut, daß niemandes Ich irgendwie bei der Tatsache beteiligt ist, daß er menschliche Erscheinungsformen hat, daß er ein Mensch ist. Wir setzen aber sofort voraus, sobald wir nur aus der Ferne wahrgenommen haben, daß dieses Wesen, das wir sehen, auf zwei Beinen geht, daß es ein Ich sei, daß es für sein Wesen und Treiben verantwortlich gemacht werden könne, täten wir das nicht, so würde sofort alles Menschliche aus der Welt verschwinden. Und doch wissen wir ganz genau, daß nicht einmal das Menschsein dieses Wesens von seinem Ich gewollt worden ist: er ist Mensch aufgrund eines Willensaktes des Alls und, wenn man etwas weiter gehen will, des Es; das Ich hat aber nicht das mindeste damit zu tun. Ja, man müßte von Rechts wegen noch weiter gehen und sagen: das ist nicht nur Mensch, sondern gleichzeitig Schall und Licht und Luft und Pflanze und Tier und Gott weiß was noch alles. – Statt das zu denken, machen wir aber von dem Es, dessen Eigentümlichkeit es ist, sich über unsern Verstand lustig zu machen, gezwungen, neue, noch viel seltsamere Schlußfolgerungen: wir sagen, dieses Wesen ist ein Mann, jenes ein Weib und, weil es ein Mann oder ein Weib ist, hat es sich als Mann oder als Weib zu betragen, und wenn es das nicht tut, so ist sein Ich zu tadeln, man kann es auffordern, sich zu ändern. Aber das Ich hat noch nie bestimmt, ob jemand eine Sie oder ein Er sein soll, die Bestimmung des Geschlechts liegt außerhalb dessen, was das Ich zu wirken hat, wenn es überhaupt etwas zu wirken hat; und weiter: noch nie gab es einen Menschen, der nur Mann oder nur Weib war, ein jeder ist eine Mischung von beiden, und es hängt nicht von seinem Ichwillen ab, ob sein Es ihm im Gegensatz zu seiner Geschlechtserscheinung mehr Weibliches oder mehr Männliches gab. – Die verwirrendsten Irrtümer aber begehen wir, indem wir die Tatsache, daß ein menschliches Wesen im Kindesalter oder im Alter des Erwachsenen oder im Greisenalter steht, zum Ausgangspunkt des Urteils über sein Ich nehmen. Nicht das Ich entscheidet darüber, wann man geboren wird und wann man stirbt, sondern das Es; und ebensowenig entscheidet das Ich, ob ein Mensch im gegebenen Moment Kind, Mann oder Greis ist. Des Menschen Alter wechselt fortwährend, jetzt ist er drei Jahre alt und im Augenblick darauf zwanzig oder achtzig, um nach kurzer Zeit wieder ein Kind zu sein: ein jeder ist, seit Abraham war, der Mensch hat kein Alter oder er hat alle Arten Alters gleichzeitig. Man glaube nur nicht, daß solche Worte, so seltsam sie klingen mögen, Spiel sind; wer ein einziges Mal sich ernsthaft mit dem Christentum auseinandergesetzt hat, weiß, daß es Altersunterschiede nicht an-

erkennt, ebensowenig wie Geschlechts- oder überhaupt Menschenunterschiede. Da man aber als vom Es geleitetes Wesen alle diese Unterschiede im täglichen Leben machen muß, so geht daraus hervor, wie kümmerlich all unsre Kenntnisse vom Menschen, vor allem von uns selbst sein müssen. So machen wir den Menschen, der Ich sagt, für tausend Dinge und Eigenschaften verantwortlich, für die er keine Verantwortung hat, und für tausend Eigenschaften und Dinge beim Kinde verneinen wir die Verantwortung, obwohl nicht der geringste Grund besteht, einem Kinde weniger Urteilskraft zuzutrauen als einem Erwachsenen. So Ihr nicht werdet wie die Kinder, werdet Ihr nicht in das Himmelreich kommen. Es ist in jeder Beziehung falsch, einen Unterschied zwischen dem kindlichen und dem erwachsenen Leben zu machen, sobald es sich um die Frage der Verantwortung, nicht den Gesetzen gegenüber, sondern dem Menschen als Menschen gegenüber handelt. Weil man, den stolzen Wünschen der Mutter nachgebend, dem Kinde im Alltagsleben jede selbständige Verantwortlichkeit absprach, war es möglich, daß erst zweitausend Jahre nach Christus sein Denken vom Kinde und vom Erwachsenen Gegenstand wissenschaftlicher Untersuchung wurde; erst Freud hat die alte Wahrheit vom Wesen des Kindes wieder neu verkündet.
So falsch es klingt, so ist es doch richtig: über das Ich des Menschen sagt der Alltag, das Leben nichts aus, es sei denn das, daß das Ich eine Maske des Es ist; vom Es aber sagt der Alltag sehr viel, ja, man kann sagen, der Alltag bis in die kleinsten Kleinigkeiten hinein ist eine ununterbrochene Offenbarung, ein fortwährendes Sichäußern des Es.
Da ist ein großgewachsener Mensch; nichts andres, als der freie Entschluß des Es hat dieses Wachsen in die Höhe herbeigeführt, alle Einflüsse von außen, die auf das bessere Wachstum hinarbeiteten, wurden erst wirksam, weil der Organismus, das Es die Einwirkung gestattete. Das Es muß also zu irgendeiner Zeit einen Grund gehabt haben, Körpergröße zu wünschen. Es wollte hervorragen, andre überragen. Dieser Trieb zu überragen, ist er nicht eins der wesentlichen Dinge im Menschen? So tief ist menschliches Wesen mit dem Willen zur Macht verknüpft, daß, seit Nietzsche

den Ausdruck für das Phänomen fand, niemand mehr die treibende Kraft als Wesenseigenheit des Menschen zu leugnen in der Lage ist. Um so seltsamer ist es, daß der Schüler Freuds, der den Willen zur Macht zur Grundlage seiner ärztlichen Tätigkeit gemacht hat, Adler, bei der Individualpsychologie stehengeblieben ist, da doch nur ein kleiner Entschluß nötig war, um die trennende Schranke von Psyche und Physis, Geist und Körper niederzulegen. Die Kraft ererbter Wörter ist groß: an dem Wort Ich ist Adler kleben geblieben. Gerade er, der auf Nietzsche fußt, hatte es nicht nötig, denn Nietzsche war es, der an die Stelle des unbrauchbaren Wortes Ich das unbestimmte, aber verwendbare Wort Es setzte. Freilich, sähe Adler den unlösbaren Zusammenhang alles Menschlichen im Es, so wäre er sofort wieder auf Freuds Lehre von der Macht des Eros gestoßen, er hätte sich dem Gedanken, daß Körpergröße irgendwie mit dem Wunsch großer Männlichkeit, überragender Potenz, starker Erektionsfähigkeit des männlichen Geschlechtswerkzeuges zusammengehört, nicht entziehen können, und dann hätte sich herausgestellt, daß seine Individualpsychologie nicht die Spur eines selbständigen Gedankens in sich hat, sondern nur das hartnäckige Verfolgen eines Nebenweges der Psychoanalyse ist, der gewiß oft genug zu Behandlungserfolgen führt, aber irgendwann in der großen Siegesbahn Freudschen Denkens münden muß, die es verließ, weil Freuds Weg zu hell und sonnig war.
Körpergröße zeigt den Willen nach rascher Anerkennung. Kleinheit des Wuchses beweist, daß dieser natürliche Trieb zu überragen irgendwann, vielleicht schon im Mutterleib, auf Hindernisse gestoßen ist, die es dem Es rätlicher erscheinen ließen, seine Wünsche zu verstecken, auf günstige Gelegenheiten zu warten, wo die überragende Größe des Wesens, die hinter der Körperkleinheit ruht, doppelt eindrucksvoll zum Vorschein kommt. Es ist die Situation des Aschenbrödels, des häßlichen jungen Entleins im Märchen, die sich das Es durch Vermeiden des Wachsens verschafft; eine Lust am Geheimnis, am Versteckspiel spricht sich in dem kleinen Wuchs aus, ein Festhalten an dem Kindsein, bei dem man alle Lebensmöglichkeiten noch vor sich hat, bei dem man weniger scharf beobachtet wird, bei dem man nicht so vielen

und großen Anforderungen ausgesetzt ist, bei dem man die Vorteile des gleichzeitigen Kind- und Erwachsenseins hat.
In den runden Formen zeigt das Es sein Begehren, für behaglich, weich und im Verkehr angenehm zu gelten, während das Eckige sofort den Eindruck der Gefahr wecken soll; der Mann, dessen Formen gerundet sind, trägt seine weibliche Anlage zur Schau, das eckige Weib betont die Männlichkeit. Der Dicke erzählt: ich bin schwer beweglich, habe ein dickes Fell, bin für das Beharren und nicht leicht aus der Ruhe zu bringen; der Magere sagt: das Leben zehrt an mir, alles dringt tief, auf alles antworte ich mit meinem ganzen Wesen und ich vermag in Dinge einzudringen, deren Kennenlernen dem Fetten versagt ist.
Ich habe nicht die Absicht und auch keine Möglichkeit, hier näher auf all diese Dinge einzugehen; es genügt mir eine Anregung zu geben. Und wer sich anregen lassen will, wird sehr rasch erkennen, daß sich das Es von jedem beliebigen Phänomen aus erreichen läßt und daß es in den einfachsten Dingen irgend etwas, viel sogar, aber gewiß niemals alles antwortet. Nur möchte ich schon hier mahnen, bei all solchem Spiel der Gedanken nie zu vergessen, daß im Wesen des Menschen Lust und Unlust, Liebe und Haß überall mitsprechen und daß die Beziehungen des Eros sich deutlich in jeder Äußerung des Lebens finden lassen, deutlicher in Körperform und Körperhaltung, in sogenannten organischen Funktionen als in dem Sprechen und Handeln des einzelnen. Das Es in seiner Gesamtheit ist immer wahrhaftig und aufrichtig; es liegt am Beobachter, wenn er sich täuschen läßt, statt der Gesamtheit sieht er Teile; er ist nicht unfehlbar, er verdrängt, was sein Es ihm wahrzunehmen nicht erlaubt.
All diese Dinge sind dem naiven Menschen, vor allem dem Kinde bekannt. Daß sie trotzdem nicht Gegenstand moderner wissenschaftlicher Forschung geworden sind, liegt nicht an der Schwierigkeit solcher Forschung, sondern an der Lust des Es am Geheimnis. Es versperrt durch Verdrängungszwang die Wege, die am raschesten in die Tiefen führen. Alles Forschen des Menschen gerät sofort auf Umwege. Dem Menschenleben wäre der Inhalt geraubt, wenn wir nicht Irrwege gingen.
Betrachten Sie ein paar andre einfache Aussagen des Es! Jemand

hat lange Arme: ich kann weit greifen, sagt er damit, mein Bereich ist groß und umfassend. Ein andrer ist kurzarmig: ich will nicht zu viel begreifen, was nahe bei mir ist, will und kann ich an mich ziehen; ich begehre nur, was da ist. – Da sind Menschen mit langen Beinen, sie eilen weiten Schrittes vorwärts oder fliehen in langen Sprüngen; etwas Ruheloses, Unstetes äußert sich da. Und daneben der Mensch mit den kurzen Beinen hängt an der Stelle, ist irgendwo in seinem Wesen heimatsbedürftig, an dem Schoß der Mutter festgeheftet. Lange Finger, der Volksmund weiß, daß sie sich aneignen, was ihnen nicht zukommt; kurze Finger, der Volksmund sieht in ihnen Zeichen fehlender Widerstandskraft gegen die Roheit des Innern. Die biegsame Hand sagt etwas andres als die schlaffe oder die starre. Der dort mit dem runden Vollmondgesicht, wieviel Harmlosigkeit und einfache Genußfähigkeit trägt er zur Schau; und jener mit den langgezogenen Gesichtsumrissen denkt zu viel. „Laßt Dicke um mich sein", sagt Shakespeares Cäsar. – Da sind tiefliegende Augen, Augen, die so tun, als ob sie sich vor der Welt zurückzögen, vielleicht nur, um desto schärfer zu spähen. Und daneben der Mensch mit den vortretenden Augen, die Neugier und Angst, nicht genug zu sehen, auch wohl dauerndes Entsetzen verraten. Da ist der Schielende, der bei allem, was er tut, seine Nase, dieses Symbol seiner Kraft, seiner männlichen Potenz, zu Rate zieht, von ihr weg oder zu ihr hin schaut. – Denn die Nase ist eines der auffallendsten Ausdrucksorgane des menschlichen Es; der Mensch ist seinem Aussehen nach in erster Linie ein Nasentier, er verliert etwas wesentlich Menschliches, wenn er diesen Vorsprung in seinem Gesicht verliert, ja er wird durch einen solchen Verlust stärker getroffen, als wenn man ihm die Ohren abschneiden oder die Augen ausstechen wollte. Dieser großen Bedeutung der Nase werden sich die Menschen nur in Augenblicken bewußt, wo sie andre mit zerfressenen Nasen sehen; kaum irgend etwas andres hat die pandemische Phobie der Syphilis so furchtbar verallgemeinert als die an sich so seltene Tatsache, daß die Syphilis ab und zu das Knochengerüst der Nase angreift. Es muß etwas Besonderes mit diesem Teil des Gesichts sein, etwas so Schamvolles, daß es bei den Europäern in früher Kindheit der Verdrängung verfällt, und zwar einer ungewöhnlich tiefen Verdrängung; sonst ließe es sich nicht verstehen, daß so wenige wissen, wie für das Kind, genau wie für den primitiven Menschen der Geruchssinn das Hauptmittel ist, sich davon zu überzeugen, ob etwas gefällt oder mißfällt; sonst wüßte man es, daß selbst der geistigste Mensch in allen Liebessachen den Geruchssinn entscheiden lassen muß; sonst wäre nicht zu begreifen, daß wir alle Zeit unsers Lebens mit Schnupfen und ohne Schnupfen durch die Gewalt des Unbewußten gezwungen sind, Geruchseindrücke ohne Unterlaß zu verdrängen. Es ließe sich ein dickes Buch über diese Fragen schreiben. Um ein wenig Interesse dafür zu wecken, mache ich nur auf das eine aufmerksam, daß der Volksmund aus der Gestalt der Nase Urteile über den Menschencharakter entnimmt, daß ihm unter anderm Größe und Form der Nase Zeichen der Manneskraft, die ja auch das Weib hat, ist. Wie eng die Beziehungen zwischen Nase und Geschlechtsorganen, nicht nur im Symbol, sind, beweisen die Erfolge, die bei Beschwerden der Genitalorgane durch Kokainisieren der Nasenschleimhaut an bestimmter Stelle erreicht werden. – Der Mund? Er braucht nicht erst zu sprechen, um zu sagen, was das Es sagen will. Dünne Lippen, blasse und brennende Lippen, schwellende und zusammengepreßte, wir lesen das ja tausendfach in den Romanen, denken nur nicht daran, daß wir unbewußten Offenbarungen des Es gegenüberstehen, sehen nicht, wenigstens nicht bei den Leuten, die uns etwas angehen, bei unsern Freunden, Gatten, Kindern, daß dort die Mundwinkel herabgezogen sind, daß hier ein erzwungenes Lächeln dauernd grinsend von der Lügenhaftigkeit des Menschen erzählt, daß das Volk aus der Größe des Mundes richtige Schlüsse auf den Hitzegrad des Bluts zieht, daß der kleine Mund so oft ein Kunsterzeugnis des Verbergenwollens, der küssende Mund mitunter ein hassender ist... Da sind große weitabstehende Ohren: selbst wenn der Eigentümer solcher Ohren taub ist, sagt das Es durch die Form der Ohren noch: hier ist einer, der viel hört. Der Geiz bildet das Kinn, der Eigensinn baut es mächtig auf und die Spielneigung zum scherzhaften Liebesschlagen spaltet es gar. Die großen Brüste erzählen von Mutternaturen, selbst bei kinderlosen Frauen, die schlaffen wissen von Säuglingen zu berichten, die nie anders als in tausendfach wiederholten Phantasien an diesen Brüsten saugten, und der dicke Bauch, auch der des Mannes zeigt, wie viele guter Hoffnung sind, ohne je ein Kind zu gebären, ja ohne die physiologische Voraussetzung des Gebärenkönnens. Die Frau, die nicht mehr gebären kann, weil sie zu alt dazu ist, sehnt den Zustand der Schwangerschaft herbei, wohl mehr als die junge, fast alle bekommen den dicken Leib, die Gebärmuttergeschwülste nach den Wechseljahren; und der alberne Schnack, mit dem die bösen Weiber gegen den Mann anfechten, es würde bald keine Kinder mehr geben, wenn die Natur den Männern das Gebärgeschäft übertrüge, entbehrt jeder Wahrscheinlichkeit.

Es ist nicht anders: mit allem, was es hervorbringt, mit Zähnen und Haaren und Nägeln, mit Farbe und Form, mit der Glätte und Rauhigkeit der Haut, mit Runzeln, die waagerecht oder senkrecht ziehen, sagt das Es etwas. Es braucht sich nicht jeder mit dieser so offenen und doch so heimlichen Sprache des Es zu befassen, aber manchmal ist es ratsam es zu tun, für den Arzt ist es eine Notwendigkeit, hie und da die Augen dafür zu öffnen. Gefahr entsteht daraus nicht: des Menschen Natur ist so, daß er gar rasch erlahmt, wenn er den Geheimnissen des Lebens nachgeht. Wenn, wozu ja heutigen Tages viel Aussicht ist, die Schande des Aberglaubens von der Deutung der Linien und Formen des Schädels, der Hand, der Nase weggewischt ist, so wird das Es neue Mittel finden, sich vor dem Forschen des Menschen zu verstecken. Ein solches Mittel hat es immer bereit: es gab dem Menschen die Eitelkeit mit, damit er dumm bleibe: Dummheit und Stolz wachsen auf einem Holz.

Der Alltag. Was ist wohl alltäglicher als Hören und Sehen? Aber bestimmt denn unser Ich, was wir hören, was wir sehen? Wir würden oft Schätze darum geben, wenn wir dieses oder jenes sehen, hören könnten, aber wir sehen es nicht, obwohl es vor Augen liegt, wir dürfen es nicht sehen. Jahrtausende und Jahrmillionen hat es Kinder gegeben, haben Mütter mit allen Fasern ihres Wesens das Kind kennenlernen wollen und sahen nicht, was das Wesen des Kindes ist, bis Freud allerlei davon entdeckte. Wir sehen nicht das, was wir ins Auge fassen, wir sehen nur das, was das Es uns erlaubt zu sehen, was es nicht verdrängt. Auf der fotografischen Platte unsers Auges bilden sich in jedem Tausendstel Zeitteil Eindrücke ab: wir nehmen fast nichts von all dem wahr, wir würden innerhalb weniger Augenblicke blind sein, wenn wir es wahrnehmen könnten und wollten. Nicht unser Ich sucht aus, was von den Lichtwellen, die in unser Auge gelangen, unserm Gehirn übermittelt werden darf, ja nicht einmal das suchen wir aus, worüber wir nachdenken wollen. Nur das Es tut das, es läßt ein winzig Teilchen die Zensur passieren, die es ausübt, alles übrige verdrängt es: denn das Leben ist Verdrängen, was wir zu tun glauben, sind Reste des sonst verdrängten Allerlebens, die das Es unserm eitlen, dummstolzen Bewußtsein gestattet.

Man glaubt, wenn man irgendwo hinhört, vielleicht jetzt in dem Augenblick, Sätze zu hören, die das über den Alltag erzählen. Aber nicht jedem Wort gestattet das Es des Hörers den Eingang in das Bewußtsein. Dieses Es wacht mit den Werkzeugen des Bewußten und des Unbewußten, deren Wirken wir zuweilen sofort nachweisen, vielleicht auch ausschalten können, aber auch mit Hilfsmitteln, die wir nicht kontrollieren können, weil sie jenseits des menschlichen Wissens liegen, über allen Eindrücken und, sobald ein Verdacht in ihm rege wird, daß etwas gehört werden könnte, was ihm nicht zweckmäßig erscheint, zwingt es den Gehörsinn, plötzlich ein Husten, ein Stuhlrücken oder sonst irgendeines der tausend Geräusche, die in einem menschengefüllten Saal ununterbrochen ertönen, zu beachten. In solchen Momenten zeigt es sich, wie gebieterisch unser Es aussucht, was verdrängt werden soll und was nicht; in solchen Momenten sieht ein jeder deutlich, daß dauernd Tausende von Schallwellen durch den Menschen überhört werden, ohne daß er diesem Wunder die mindeste Beachtung schenkt. Im Gegenteil, er glaubt bestimmt und äußert diesen Glauben in seiner Sprache, daß er fähig sei aufzupassen, daß er Herr über seine Aufmerksamkeit sei; er glaubt das Umgekehrte von dem, was vor sich geht. – Man hat die beste Absicht, jemandem zuzuhören, der Gegenstand, über den gesprochen wird, ist anregend, der Sprechende nicht unsympathisch, und doch: wer sich Rechenschaft gibt, weiß, daß plötzlich mitten in den interessantesten Mitteilungen ein ganz andrer Gedanke kam, daß man sich, während von wichtigen Lebensfragen die Rede war, überlegte, mit welcher Bahn man am besten nach Hause fahren könne, warum jene Frau traurig aussähe und das junge Mädchen dort kichere, ob der Franken noch lange steigen werde und was für Ähnlichkeiten im Gesicht des Nachbars steckten. Und unter Umständen weilt man minutenlang in Träumen oder beginnt darüber zu denken, warum man nicht eher wahrnahm, daß neben einem ein Kurzatmiger sitzt oder ein Mensch mit einer Glatze. Kehren Sie, nachdem Sie eine Weile im Freien waren, in einen überfüllten Raum zurück, Sie werden erstaunt sein, daß Sie auch nur eine Minute imstande waren, die verdorbene Luft des Saals nicht zu bemerken. Des Menschen Leben ist ein dauerndes Verdrängen, das ist das Wesentliche, von der Geburt bis zum Grab.

Was hat das Atmen mit unserm Willen zu tun? Wir werden dazu gezwungen, sobald wir den Mutterleib verlassen, es bleibt uns nichts anderes übrig als zu atmen. „Ich liebe dich so, daß ich alles für dich tun könnte", wer hätte das nicht schon einmal empfunden, geäußert oder gehört? Aber versuchen Sie, irgendeinem Menschen zuliebe den Atem anzuhalten, es wird zehn Sekunden dauern, oder wenn es hoch kommt, eine viertel Minute, und das Beweisen Ihrer Liebe erlischt in dem Hunger nach Luft. – Niemand vermag auf die Dauer dem Schlaf zu gebieten, er wird kommen oder er wird ausbleiben. Niemand kann den Schlag seines Herzens regeln, wer glaubt, er könne es, ist entweder ein schlechter Beobachter oder ein Phantast. Unser Es befiehlt uns, wie wir uns hinlegen sollen, ob wir die Beine strecken oder krümmen müssen, es heißt den einen, wie ein Fragezeichen zu schlafen, den andern mit dem Arm unter dem Kopf; beides aber erzählt verschiedenes über das menschliche Es. Der dort steht straff und jener schlaff, aber keiner von beiden ist sich bewußt, selbst der geübteste Menschenkenner und Versteckspieler nicht, wann er das tut, noch weniger, warum er es tut. Das psychoanalytische Verfahren enträtselt hier und da, selten genug, den Sinn der Bewegungen, aber auch dann nur, wenn das Es des Analytikers ihm Freiheit der Wahrnehmung gestattet. – Jemand unterhält sich, seine Worte sind moduliert: ab und zu folgt diese Modulation

dem Sinn dessen, was gesprochen wird, meist tut sie das aber nicht. Leise Töne wechseln mit scharfen, hier werden Silben verschluckt und dort ein Wort gewählt, das nicht in den Sinn hineinpaßt: alles erzählt etwas über das Es, aber keine Kunde vom Ich ist zu erhalten. Leise spricht der Mensch, wenn er ein Geheimnis mitzuteilen hat oder wenn er Schlummerndes nicht wecken will. Achten Sie darauf, wie oft der Mensch in seinem Sprechen durch das Leisewerden des Tons bezeugt: hierüber spreche ich nur als über ein Geheimnis; und wenn Sie ihn fragen, was für ein Geheimnis das sei, weiß er nicht einmal, daß er eins hatte, leugnet er, daß er deshalb tonlos in der Weise des Geheimnisvollen sprach; wenn Sie aber dringend fragen, darauf bestehen, es sei ein Geheimnis in seinem Sinne gewesen, wird allmählich in ihm wach werden, was er nur leise flüstern darf und was er gerade dadurch, daß er leise sprach, betonte und der Neugier preisgab.
Wir sprechen viel von Erziehen. Aber woher kommt es, daß in derselben Familie bei denselben Erziehungsmethoden das eine Kind gerät und das andre mißrät? Im Grunde denken wir Dinge und glauben an Wichtigkeiten, die keine Wichtigkeiten sind, ja die nichts weiter als Irrtümer, Selbstbetrug sind. Melodien schießen uns durch den Kopf, während wir ernsthaft zu sein glauben, ganz versunken in tiefes Denken und Fühlen zu sein glauben, und wenn es uns erlaubt wäre, uns selbst zu erkennen, würden wir wissen, daß ganz andres für unser Wesen wichtig ist als Pflicht oder Freundschaft. Wir dürfen es nicht wissen, wie wir sind, es ist aber gut, uns hier und da klarzumachen, daß wir anders sind, als wir zu sein glauben und wünschen, stets so, wie wir uns unbewußt geben, daß aber seltsamerweise der Nachbar viel zu sehr mit sich beschäftigt ist, um zu sehen, wie wir uns geben.
Selbsterziehung, gibt es so etwas? Gewiß nicht, wenn wir damit den Gedanken verbinden, daß wir uns, daß unser Verstand, unser Bewußtes sich überlegen könnte: so oder so will ich werden und das und das muß ich tun, damit ich so und so werde. Die Entscheidung über das, was wir denken und erstreben sollen, wird außerhalb unsers Ichs getroffen, ist längst gefallen, ehe unser langsam begreifender Verstand auch nur weiß, daß eine Entschei-

dung getroffen werden soll. Und doch müssen wir glauben, daß unser Ich denkt und tut und empfindet; so deutlich wir uns klarmachen, daß Lieben nicht absichtlich erzwungen, planmäßig geweckt werden kann, daß das Ich nicht das mindeste mit Liebe und Haß zu tun hat, sondern daß das Es zur Liebe oder zum Haß zwingt, wir müssen doch immer wieder zu dem Wort und zu dem Glauben zurückkehren: ich liebe dich. Ja, unsre Natur ist sogar so geartet, daß wir nur mit Mühe erkennen können, daß wir ein und denselben Menschen gleichzeitig lieben und hassen, daß fast immer das Wort: ich liebe dich erst dann ausgesprochen wird, wenn der Haß oder die Gleichgültigkeit sich vordrängen, daß es ausgesprochen wird, um das enteilende Gefühl der Liebe noch eine Zeit festzuhalten, das leise mahnende Raunen der Abneigung zu überschreien.

Nirgends ist unsre Abhängigkeit von Dingen, die nichts mit dem Ich, alles mit dem Es zu tun haben, so greifbar deutlich wie auf dem Gebiete der Leidenschaften. Und doch tadeln wir den, der seine Leidenschaften nicht beherrscht und tadeln ihn mit Recht. Nur ist es Unrecht und falsch, daß wir den andern tadeln und nicht sehen, daß wir ihn nur deshalb tadeln, weil wir selbst kurz vorher in unsrer Leidenschaft unbeherrscht waren: denn nie tadelt ein Mensch seinen Nachbarn, es sei denn für eine Schuld, die ihn selbst drückt, nie beteuert ein Mensch seine Wahrheitsliebe, es sei denn, daß er eben unwahr war, nie ruft jemand: haltet den Dieb, es sei denn, daß er selber eben ein Dieb geworden ist.

Erkenne dich selbst! so stand es über dem Eingang des Delphischen Tempels. Es fragt sich nur, ob es irgendeine Möglichkeit gibt, sich selbst zu erkennen und ob solche Selbsterkenntnis sich lohnt, ob es nicht besser ist, andre kennenlernen zu wollen. Ach nein: andre erforschen, ist nur ein Mittel, um zu sich selbst zu gelangen, es ist ein Weg zur Selbsterkenntnis, für die meisten Menschen, vielleicht für alle, der einzige Weg. Und wer ihn immer wieder, trotz aller Verirrungen, aufsucht, wird nach und nach dahin kommen, Tadel und Haß und Neid in einem Maße aus seinen Lebensgewohnheiten fortzulassen, wie man kaum denken sollte. Freilich, Angst oder Hoffnung, daß die Unlust ganz verschwinden werde, braucht niemand zu hegen: der Mensch ist weder gut

noch böse, er ist Mensch, und Mensch sein heißt, gut und böse sein.
Erkenne dich selbst! dazu bedarf es des Studiums der andern, aber gewiß nicht nur ihres bewußten Lebens; damit würde man nicht weit kommen; nicht ihr Ich soll erforscht werden, auch nicht allein ihr Unbewußtes, sondern ihr ganzes Es. Und der Alltag weiß viel von diesem Es zu erzählen. Man glaubt immer, man müsse in die Tiefen eines Menschen dringen, wenn man ihn kennenlernen will. In die Tiefen dringt doch kein sterbliches Auge, es ist ein vergebliches Bemühen. An der Oberfläche liegt genug, der Alltag bietet so viel, man sieht es nur nicht, und wenn man es sieht, vermag man es schwer zu deuten.
In der ärztlichen Tätigkeit bekommt man Erkrankungen der Oberfläche, Hauterkrankungen nicht selten zu sehen. Man könnte denken, daß die Art einer solchen Erkrankung am leichtesten zu erkennen sei. So ist es aber nicht: gerade die Hautkrankheiten, deren Erscheinungen mit den Augen ohne weiteres geprüft werden können, sind oft viel schwerer zu diagnostizieren als tiefliegende Erkrankungen, nicht selten ist es unmöglich, eine solche Erkrankung in diese oder eine andre Krankheitsrubrik einzureihen. So ungefähr ist es mit der Beurteilung des Alltagslebens, nur daß da die Schwierigkeit schon damit beginnt, daß wir es nur durch die schlechte Brille unsers Ichs betrachten und infolgedessen nur weniges und das entstellt sehen. Einiges läßt sich aber lernen, und der Fleiß trägt Früchte. Denn was wäre wohl dringender nötig, als von ganzem Herzen und von ganzem Gemüte Gott zu lieben, den Nächsten und sich selbst? Der Weg, um den Nächsten zu lieben und um Gott zu lieben, ist die Selbsterkenntnis. Sie läßt sich, so glaube ich, seit Freud uns lehrte, daß es ein Unbewußtes gibt, weiter treiben, als es früher möglich war. Wer analysiert, erforscht und ändert sich selbst, er erkennt sich selbst. Erkennen und lieben ist aber eins. Er erkannte sein Weib, das bedeutet: er liebte es. Aus der Liebe entsteht die Geburt. Wer sich erkennt, wird wiedergeboren.

KRANKHEIT

Dritter Vortrag an der Lessinghochschule

Der Mensch mit allem, was er ist, was mit ihm vorgeht und was er tut, ist für meine Betrachtungsart eine Erscheinungsform seines Es, sein Es offenbart sich durch ihn. Von diesem Standpunkt aus gesehen muß auch Kranksein irgend etwas über das Es aussagen, es muß einen Sinn haben, der enträtselt werden soll. Als Weg, um hinter den Sinn irgendeines Vorgangs zu kommen, benutze ich schon seit langer Zeit, allerdings mit dem Bewußtsein, daß dieser Weg durchaus nicht davor schützt, in die Irre zu gehen, die Betrachtung der Folgen des Vorgangs. Die erste und man kann fast sagen, allgemeine Folge des Krankseins ist das Gefühl zu leiden und daran anschließend das Verlangen nach Hilfe. Denkt man sich sein Leiden, gleichgültig, woran er leidet, immer mehr und mehr verstärkt, so gerät er schließlich in einen Zustand, in dem er in bestimmten Lebensgebieten abhängig von der Hilfe andrer wird, in einen Zustand, den jeder Mensch einmal durchlebt hat, er wird dem Säugling gleich. Das Es also, das seinen Träger erkranken läßt, beabsichtigt, ihn dem Wesen des Säuglings anzuähneln, das eine Mal mehr, das andre Mal weniger, je nachdem es zweckmäßig ist. Der Kranke sucht Hilfe, und zwar eine ganz bestimmte Art der Hilfe, die er aus Erfahrung kennt, er sucht die Hilfe der Mutter oder ihrer Stellvertreter. Krankheit ist immer und unter allen Umständen Sehnsucht nach der Mutter, nach der gütigen, sorgenden Mutter; Krankheit ist Rückkehr in die Kindheit. Ehe sich das Es zum Krankwerden entschließt, muß irgendwie der Wunsch, Kind zu spielen, da sein. Daß ein solcher Wunsch aus den verschiedensten Ursachen aufleben kann, ist verständlich. Aber auch da lassen sich aus den Folgen Rückschlüsse auf die Ursachen ziehen.

Wer ist der Mächtigste unter den Menschen? Man wird die Frage verschieden beantworten, je nachdem man gerade gelaunt ist. Wer aber die Machtfülle des Erwachsenen mit der des Kindes vergleicht, wird bald einsehen, daß das Kind mehr Macht besitzt als der Erwachsene, daß die Macht des Menschen von Geburt an

Tag für Tag abnimmt. Da wir alle einmal Kinder gewesen sind, also auch alle aus Erfahrung wissen, daß wir mächtiger werden, wenn wir wieder Kind, wenn wir krank werden, so liegt hier eine Seite des Willens zur Krankheit offen zutage: es ist Wille zur Macht. Dieser Wille zur Macht im Kranken ist der Ausgangspunkt und im wesentlichen auch der brauchbare Inhalt dessen, was Adler Individualpsychologie genannt hat; im Grunde genommen ist Adlers Bedeutung eine Sache medizinischer Praxis, er hat ein neues Rezept in die Mode gebracht, in dem zwei wirksame Stoffe, Freuds und Nietzsches Lehren in bestimmten Mischungen verordnet werden. Selbstverständlich kann man damit ärztlich arbeiten, sogar mit Aussicht auf große Erfolge; aber derlei wirksame Rezepte gibt es in unsrer Tätigkeit viele. Es lohnt sich nicht, sich lange dabei aufzuhalten oder gar irgendwie einen Vergleich zwischen Adler und Freud zu ziehen; merkwürdig ist mir nur, daß der Erfinder dieses Rezepts nicht einen Schritt weiter gegangen ist und sein Mittel bei den sogenannten organischen Krankheiten empfohlen hat, für die es weit brauchbarer ist als für die Neurosen, zumal er schon im Beginn seiner Laufbahn mit seinen Ideen über die Minderwertigkeit der Organe den halben Schritt in das organische Gebiet schon getan hatte.
Ein jeder von uns kennt die merkwürdigen Verhältnisse, die überall sich von selbst bilden, wo ein neugeborenes Kind ist, und wem es der Verstand nicht sagt, dem sagt es ein zorniges Gefühl des Neids und der Ohnmacht: Das Kind ist der wahre Herrscher der Welt, der König der Könige. Es gibt nur ein Wesen, das mit ihm gleiches Recht mit ab und zu gleichem Erfolg beanspruchen darf, das ist der Kranke. Der Kranke findet, unter was für Menschen er auch sei, immer Helfer und Pfleger und Diener.
Er findet auch, genau wie das Kind, Liebe, Liebe ohn all Verdienst und Würdigkeit: sie wird ihm zuteil, aus keinem andern Grunde als, weil er Liebe braucht, genau wie das Kind. Und diese Liebe hat das eine Besondere an sich, daß es Mutterliebe ist, Liebe, die im Liebenkönnen ihren Lohn findet. Wer begriffen hat, daß das Menschenleben von der Mutter ausgeht, sich von ihr entfernt und aus der Entfernung immer und unablässig wieder zur Mutter hinstrebt, dem ist es nicht rätselhaft, warum der Mensch sich

krank werden läßt, ist es doch die einzige Möglichkeit, ohne Schuldgefühl wieder eine Mutter in nächste körperliche und seelische Nähe zu bringen, ohne im Schamgefühl verletzt zu sein, Zärtlichkeiten zu genießen, die sonst nie erreichbar sind, nicht einmal mit der Geliebten erreichbar sind. Das Leben des Kranken verliert jeden Harm, das Kindsein des Kranken vernichtet alle Sitte, alles wird erlaubt. Allerdings nur um den Preis des Kindwerdens, nur unter Verzicht auf alle Vorteile, die der Erwachsene hat.

Krankheit, und das ist eine Lockung, der schwer zu widerstehen ist, macht schuldlos: Der Kranke hat kein Schuldbewußtsein, oder wenigstens besitzt er ein Mittel, das Schuldgefühl zu vernichten, dadurch zu vernichten, daß er immer kränker wird, am Ende die Erkrankung so weit treibt, daß jedes Bewußtsein und damit jedes Verantwortungsgefühl aufhört. Ist es so sinnlos, krank zu werden, wenn es so große Vorteile bietet?

Krankheit birgt in sich noch etwas andres, um die Schuld zu sühnen, sie enthält in sich die Strafe. Und diese Strafe, die der Mensch sich, ohne es selbst sich klarzumachen, auferlegt, hat den großen Vorteil, daß er sie unter Umständen der Außenwelt, dem Schicksal, dem Gott als Ungerechtigkeit zuschieben kann, Vorwürfe gegen das, was nicht Ich ist, erheben darf. Auch darin gleicht der Kranke dem Kinde. Tagtäglich spielt sich im Leben des Kindes der typische Vorgang ab, daß es irgend etwas tut, was es selbst für höchstes Unrecht hält, was ihm sein Gewissen bedrückt. Aber es teilt davon nichts mit, es kann davon nichts mitteilen, denn Erfahrung hat es gelehrt, daß man bestimmte Handlungen den andern, den Eltern nicht mitteilen darf, der Eltern wegen: es würde sie zu tief treffen; dahin gehört zum Beispiel der Todeswunsch, den das Kind gegen Geschwister, Vater, Mutter hat, täglich hat. Der Erwachsene hat ihn auch, er weiß es nur nicht, weil er längst Meister in der Verdrängungskunst geworden ist, die das Kind erst lernen muß. Dieser Todeswunsch – es kann auch etwas andres sein, verbotne Lust, Diebstahl, absichtliches Verletzen einer vertrauensvollen Seele, Verrat schlimmer als der des Judas, Lüge, Verleumdung, alles Dinge, von denen das Kindesleben angefüllt ist – wird als tiefe Schuld empfunden und deshalb sucht das Kind nach Sühne. Wie kann es sie finden? Auf eine einfache, der bewundernswerten Intuitionskraft des Kindes entsprechenden Weise: es begeht irgendeine harmlose Dummheit, von der es weiß, daß Vater oder Mutter sich darüber ärgern, es begeht sie in dem Augenblick, in dem es am Wesen des Vaters, der Mutter merkt: jetzt ist schon eine schwere Störung des Gleichgewichts in diesem großen Menschen da, jetzt wird er meine harmlose Unart zu wichtig nehmen, jetzt wird er mich so strafen, daß es in keinem Verhältnis zu meiner Unart steht. So verläuft es, und das Kind hat den Vorteil, die heimliche Schuld zu büßen, ohne sie einzugestehen, und die Eltern, die starken Gegner ins Unrecht gesetzt zu haben. So verfährt das Kind, so verfährt der Mensch, wenn er zur Krankheit greift.

Die Psychoanalyse spricht – ich weiß nicht, ob der Ausdruck von Freud selbst stammt – von einer Flucht in die Krankheit. Das macht einen Teil der Erkrankungsvorgänge mit einem einzigen Wort klar; es enträtselt nicht alles, aber sehr vieles. Wem das Leben zu schwer wird, das äußere Leben, noch öfter das eigne Innenleben, der kann sich leicht allen Schwierigkeiten, wenigstens zeitweise, entziehen, wenn er krank wird: wer sich das Bein bricht, kann nicht zum Standesamt fahren, man wird ihn auch nicht eher vor Gericht bringen, als bis er ohne Gefahr für sein Ergehen vernommen werden kann. Wer in seinem Seelenkampf nicht mehr ein und aus weiß, dem kommt ein schweres Fieber, das jede Entscheidung unmöglich macht, ja, das vielleicht das Bewußtsein so umnachtet, daß alle Erinnerung an den inneren Zwiespalt verschwindet, sehr zupaß. Die Lebenslagen, in denen Zeit gewinnen, alles gewinnen ist, sind nicht allzu selten. Bis zur Genesung mag sich alles verändert haben, bis zur Genesung mag ein andrer Entscheidungen getroffen haben, die, wenn sie sich bewähren, gern hingenommen werden, und wenn sie ungünstig ausgehen, dem von schwerer Erkrankung Genesenen die Möglichkeit geben, andern Vorwürfe zu machen, mit andern zu brechen oder ihnen großmütig zu verzeihen, kurz, Schuld und Verantwortung auf andre, die nicht das Unglück, in Wahrheit Glück hatten, krank zu sein, abzuschieben.

Die Flucht in die Krankheit bietet einen andern wesentlichen Vorteil, sie ist das wirksamste Mittel, zu verdrängen: wer erkrankt, schiebt den inneren Konflikt nicht nur in die Zukunft, um ihn dann zu lösen, er vermag mit Hilfe der Erkrankung den inneren Konflikt so tief in das Unbewußte zu verdrängen, daß er entweder überhaupt nicht wieder zum Vorschein kommt, oder daß er sich jedesmal wieder leicht durch neue Erkrankung in die Tiefen des Unbewußten verdrängen läßt.

Innerhalb der Grenzen einer Stunde lassen sich diese Dinge nur andeuten, ja selbst im Andeuten kann man nur eine nicht besonders reichhaltige Auswahl treffen. Das ist aber auch nicht nötig, da der Zweck meiner Mitteilungen nicht der ist, meine Zuhörer zu belehren, sondern sie zu eignem Forschen und Erproben anzuregen. Ich muß immer wieder darauf hinweisen, daß ich nicht in der Lage bin, zu lehren, weil ich zu wenig weiß, ja, ich bin kühn genug zu behaupten, daß die Gebiete des Es so wenig methodisch erforscht sind, daß niemand als Lehrer auftreten kann. Sie liegen aber andrerseits so offen zutage, daß ein jeder die bedeutendsten Entdeckungen machen kann und machen muß, wenn er versteht, die Welt mit kindlichen Augen anzusehen, einfach aber nicht einfältig zu sein. Vorkenntnisse können unter Umständen nützlich sein, alle Vorkenntnisse bergen aber in sich die Gefahr, daß sie leicht zu Vorurteilen werden, was dann die eigentümliche Tatsache ein wenig erklärt, daß so wenig Wahrheiten von den Wissenden und so viele von den Unwissenden, sofern sie nur kindlich sind, gefunden werden. In den Zusammenhängen, in denen meine Aufgabe hier begrenzt ist, hat Vollständigkeit nicht das mindeste zu bedeuten, worauf es ankommt, ist das Wesen des Es, wie es sich im Kranksein offenbart, an einzelnen Beispielen zu erläutern. Wenn ich erreiche, daß in einem oder dem andern die Idee lebendig wird, daß Erkrankung nichts Abnormes ist, nichts, was wesentlich anders ist als Bauen oder Dichten oder Spazierengehen oder Gesundsein, daß es eine, unter Umständen oder zeitweise sehr unangenehme, unter Umständen und zu andern Zeiten sehr vorteilhafte Sprechweise des Es ist, so habe ich mehr erreicht, als ich zu hoffen wage. Kindlich und unbefangen zu machen, ist eine der Aufgaben des Krankseins, und da der Arzt nicht anders lernen kann, als durch das Studium der Erkrankung, so werden Sie verstehen, daß ich es für die wesentliche Aufgabe des Arztes halte, seine Schutzbefohlenen zu Kindern zu machen, ohne ihnen die Weisheit des Erwachsenseins, der Erfahrung zu nehmen. Gestatten Sie mir, an ein paar Beispielen zu erläutern, was ich damit meine, daß ich die Erkrankung eine Sprechweise des Es nenne; es wird dabei nichts andres sich herausstellen, als was ich schon bei der Besprechung des Alltags gesagt habe.

Nehmen Sie eine der verbreitetsten Erkrankungen, die es gibt, die Verstopfung. Es soll ihr Sinn gefunden werden, es soll verstanden werden, was das Es in der Verstopfung sagt. Bei der Verstopfung werden Massen, die sich in einem Hohlraum unsers Innern befinden und der Regel nach innerhalb von vierundzwanzig Stunden ausgestoßen werden, länger zurückbehalten. Zunächst müßte festgestellt werden, ob die allgemeine Annahme, daß der Mensch alle vierundzwanzig Stunden seinen Darm entleeren müsse, richtig ist. Sie ist nicht richtig, es ist eine Behauptung, die von der täglichen Erfahrung immer von neuem widerlegt wird. Eine große Zahl der Menschen haben bei völliger Gesundheit häufiger oder seltener als in den von dem Aberglauben vorgeschriebenen vierundzwanzigstündigen Zeiträumen Entleerungen. Die Ausnahmen der als allgemein hingestellten Regel sind so häufig, daß man die Blindheit der Beobachter nicht begreifen könnte, wenn nicht aus andern Zusammenhängen heraus verständlich geworden wäre, daß es sich bei der Sorge um regelmäßige Entleerungen in vierundzwanzigstündigem Wechsel nicht um eine Gesundheitsfrage, sondern um psychische Sorgen, im besonderen um Geldfragen handelte; ich komme darauf zurück. Hier möchte ich nur im Vorübergehen sagen, daß ein solcher Mensch, der von Natur aus auf längere Pausen eingestellt ist, durch das Erzwingen häufigerer Ausscheidungen geschädigt wird. Ich kenne in dem verhältnismäßig der Zahl nach nicht sehr großen Krankenmaterial eine ganze Reihe meiner Patienten, die den Typus achttägiger Entleerungen haben, die ihr ganzes Leben lang künstlich krank gemacht wurden, weil man annahm, daß sie verstopft seien, während sie ganz gesund waren. Wenn es so eine große Anzahl Gesunder gibt, die ihr ganzes Leben lang, wie es scheint, im Zusammenhang mit andern Eigentümlichkeiten ihres Wesens, verstopft sind, ohne deshalb behandelt werden zu müssen, so wechselt andrerseits, man darf sagen, bei allen Menschen, der Rhythmus ihrer Entleerungen: jeder Säugling lehrt das deutlich genug. Ich knüpfe hieran eine praktische Bemerkung, vielmehr eine Mitteilung aus meiner Praxis: seit über zwanzig Jahren verwende ich Abführmittel – und auch entsprechende Diätformen – nur bei schweren Vergiftungserscheinungen und bei akuten Infektionskrankheiten, also unter Umständen, wo es darauf ankommt, innerhalb kurzer Zeit bestimmte Umänderungen herbeizuführen. Solche zwingenden Gründe sind aber überaus selten. Fast immer kann man sich mit der Tatsache begnügen, daß der Darm im After eine Öffnung besitzt, nur diese eine, daß er außerordentlich große Mengen fassen kann und daß nicht die geringste Möglichkeit besteht, daß er infolge von angehäuften Kotmengen platzen sollte, daß all die Erzählungen und Theorien von Autointoxikation durch Kotreste auf Beobachtungsfehlern beruhen und daß man ohne jedes Risiko bis zu vier Wochen, ja, vielleicht noch länger warten kann, so lange warten kann, bis die Entleerung von selbst eintritt. Die Annahme, daß sich dabei die Kotmassen verhärten und daß infolgedessen die Entleerung schmerzhaft wird, ist ebenfalls falsch. Nur in den beiden ersten Tagen wird den Massen Wasser entzogen, werden sie ausgesogen, bald aber beginnt die Darmwand Flüssigkeit abzusondern, unter dem Reiz der Kotmassen, und der Stuhlgang wird wieder weich. Nicht eine der verrufenen Folgen – Kopfschmerzen, Unbehagen, Übelkeit, Schwindel, Appetitlosigkeit – tritt auf. Solange der Mensch unter Angst lebt, hat er Angsterscheinungen; sobald er sich davon überzeugt, daß er keine Angst zu haben braucht, fühlt er sich gesund, und dies Gefühl bleibt, und wenn er auch Wochen zu warten hat.

Aber ich bin weit von dem abgeirrt, was ich ursprünglich sagen wollte. Den Sinn der Verstopfung wollte ich enträtseln. Mit der Verstopfung sagt das Es einem jeden, der hören will: in meinem Innern sind Dinge, die ich nicht hergebe, die ich für mich behalte, und da das Es annimmt, daß im Innern außer den Resten der Speisen auch alle psychischen Eindrücke, die durch Augen, Ohren und alle Sinne aufgenommen worden sind, sich sammeln, daß der Bauch der Sitz der Seele ist, so kann dieses Zurückhalten des Leibesinhalts sich auf physisches und auf psychisches Material beziehen. Die Speisereste als solche zurückzuhalten hat nur dann einen Sinn, wenn das Es bemerkt, daß die Ausnützung der Speisen innerhalb der von den Ärzten vorgeschriebenen vierundzwanzig Stunden nicht erreicht wird; es nimmt sich dann länger Zeit, die gesunde Verstopfung tritt ein. Soweit ich urteilen kann, kommt es nie oder fast nie vor, daß krankhafte Verstopfung zu dem Zwecke besserer Ausnützung auftritt; sobald unangenehme Symptome damit verbunden sind, handelt es sich um mehr oder weniger verwickelte seelische Vorgänge, die sich in dieser eigentümlichen Sprache äußern. In den allerersten Lebenstagen ist der Grund dazu häufig Zorn gegen die Mutter oder die ganze Umgebung. Das Kind fühlt sehr bald, daß es eine fast unwiderstehliche Macht in dem einfachen Verfahren der Stuhlzurückhaltung hat; wenn das Unbewußte jedoch erst diese Macht kennengelernt hat, so verwendet es sie auch im späteren Leben. Die Analyse glaubt, soweit sie überhaupt es sich gestattet zu glauben, aus der Tatsache der Verstopfung auf Eigensinn schließen zu können. – Dem Säugling steht kein Eigentum zur Verfügung, wie das größere Kind oder der Erwachsene es hat; er bemerkt aber sehr früh, daß er über die Ausscheidung seines Darminhalts bis zu einem hohen Grade verfügen kann, den Zeitpunkt der Entleerung beschleunigen oder hinausschieben kann; der Darminhalt ist für ihn Eigentum, er entwickelt daraus den Begriff des Eigentums, des Geldes. Es ist bekannt, daß kleine Kinder nur die Personen beschmutzen, die sie gern haben, sie beschenken ihre Freunde mit dem, was sie besitzen. Und diese in der ersten Lebenszeit gewonnene Vorstellung, daß Kot und Geld ein und dasselbe ist, bleibt im Unbewußten des Menschen und ist bei der Entstehung der Verstopfung fast immer wirksam. Die Verstopfung sagt: die und die Ausgabe soll gemacht werden; ich habe keine Lust sie zu machen; da ich sie aber machen muß, das Geld unbedingt hergeben muß, so behalte ich das Symbolgeld des Kots; so dumm ist das Unbewußte. Oder ist es vielleicht keine Dummheit, anzunehmen, man könne durch Zurückhalten des Stuhlgangs eine Geldausgabe wieder einbringen. Die Analyse nimmt an, soweit sie überhaupt wagt, Meinungen zu haben, daß Verstopfung Zeichen der Sparsamkeit, ja des Geizes sei. – Der Sitz der Seele ist der Bauch, so nimmt das Unbewußte des Kindes und auch des größten Gelehrten an. Hat der Mensch ein Geheimnis zu bewahren und ist in Versuchung, dieses Geheimnis mitzuteilen, so ist der Ausweg der, daß das Geheimnis verraten wird, dafür aber der symbolische Seeleninhalt zurückbehalten wird. – Der Kot gilt als Masse verfaulter Substanzen, der Mensch, wenn er erst Scham kennengelernt hat und so weit verdummt ist, daß er zwischen gut und böse unterscheidet, scheut sich, wenigstens tun es die modernen Europäer, vor den Augen andrer sich zu entleeren, und wenn er es trotzdem tut, so hat er irgendwie das Gefühl, die Spuren seines Drecks müßten beseitigt werden. Diese anerzogene, vielleicht aber auch schon in der Natur des Menschen begründete Scham überträgt er auf das psychische Gebiet: da er immer Schmutz in seiner Seele hegt und von Zeit zu Zeit genötigt ist, den Schmutz seiner Seele oder was er dafür hält, zutage zu fördern, so rettet sich sein Unbewußtes, wiederum durch Verwendung des Symbols: es hält den körperlichen Kot zurück und glaubt dadurch das Zutagetreten des seelischen Schmutzes zu vertuschen. Wenn es wirklich Menschen gibt, die sich darüber schämen, daß sie mit einem Bauch voll Dreck herumlaufen, so sind es nur sehr wenige; erst wenn der Dreck den Bauch verläßt, wird er für Dreck gehalten. Genauso ist es mit dem Dreck der Seele: wer ihn nicht zu verheimlichen versteht, ist schmutzig. – Das Wichtigste aber und das Versteckteste, was das Es durch die Stuhlzurückhaltung sagt, ist ein Bekenntnis der Selbstbefriedigung. Man ist in unsrer närrischen Welt der Ansicht, daß die Selbstbefriedigung an den Genitalien stattfindet, durch irgendwelche Manipulation dort; aber das ist nur ein kleiner Teil, ein sehr kleiner Teil aus dem großen Gebiet der Onanie. Die Menschen wissen das auch ganz gut, sie sind oft bereit, die Tatsache der genitalen Onanie zuzugeben, aber nur einzelne sind imstande, auch ihre Phantasien, die doch zu der Handlung gehören, angeblich sogar das Schädliche dabei sind, mitzuteilen; vielleicht vermag das überhaupt niemand. Irgend etwas tief Geheimnisvolles, irgend etwas nicht Mitteilbares haftet an der

Liebe des Menschen zu sich selbst, an dem jedem Menschen mitgegebenen und von jedem ausgeübten Wunsch, sich selbst Lust zu verschaffen. Dieses sich selbst Lust verschaffen, das doch der Inhalt des menschlichen Lebens ist, ohne das das Leben nicht Leben wäre, darf nicht gesehen werden, es gehört in das Reich des Unbewußten. Da das so ist, kann es nicht wundernehmen, daß die zahlreichen Formen der Onanie, die sich außerhalb der Genitalsphäre abspielen, nicht mit dem Wort Onanie, Selbstbefriedigung in Zusammenhang gebracht werden. Trotzdem ist und bleibt es Onanie. Und die einfachste, weit früher als die genitale erlernte Form der Selbstlust, eine Form, die den Vorteil hat, daß sie dem Bewußten und den oberen Teilen des Unbewußten als schuldlos gilt, ist die Stuhlzurückhaltung. Die Körperteile, die bei der Entleerung und bei der Verstopfung beteiligt sind, sind rings umher von den empfindlichsten Wollustnerven umsponnen; anatomisch und physiologisch ist es unmöglich, eine Entleerung ohne Lustgewinn zu haben, unmöglich verstopft zu sein, ohne Lustgewinn. Daß dieser Lustgewinn als solcher meist nicht empfunden wird, von dem Bewußtsein nicht empfunden und gewertet wird, ist eine Folge langer Verdrängungsarbeit. Jeder Säugling zeigt deutlich, zumal bei der ersten Entleerung, die er hat, wie groß diese Lust ist, ja jeder Erwachsene kann sich und sollte sich, falls er mit dem: Erkenne-dichselbst Ernst machen will, durch das Experiment am eignen Körper von der Tatsache des Lustgewinns durch Entleerung und durch Stuhlzurückhaltung überzeugen.

Ich habe in einigen Zügen den Sinn der Verstopfung erörtert; es sollte ein Beispiel sein. Wenn Sie diese und jene Erkenntnis, falls es den Namen Erkenntnis verdient, auf andre Gebiete der Erkrankung anwenden, so wird sich manches klären. So läßt der Satz: das Unbewußte glaubt, der Sitz der Seele sei im Innern des Menschen, einige Gedanken über Mandelentzündungen zu. Die Mandelentzündung erschwert das Schlucken, sie erschwert also für die Ideenwelt des Unbewußten die Aufnahme von Eindrücken der Außenwelt in das Seelenleben; die Halsentzündung läßt sich mit einigem Recht als der Versuch des Es auffassen, sich gegen Einflüsse abzuschließen, die es aus irgendwelchen

Gründen für verderblich hält. Erkrankungen des Kehlkopfs, Heiserkeiten beispielsweise, lassen sich als Versuche des Es auffassen, irgend etwas im Bewußten oder Unbewußten nicht laut werden zu lassen: man flüstert, wenn man nicht stören oder nicht gehört sein will. Es versteht sich von selbst, daß sich das Es, wenn es mit einfachen Mitteln seine Ziele nicht erreicht oder wenn der Ziele zu viele und zu schwierige sind, nicht bei der einfachen Verstopfung oder der einfachen Heiserkeit stehenbleibt, sondern zu Blinddarmvereiterungen, zu Bauchfellentzündungen, zu Darmverschluß, zu Kehlkopfgeschwülsten, zum Krebs greift. – Der Sinn der Erkrankung muß etwas mit der Funktion des hauptsächlich leidenden Organs zu tun haben; damit ist natürlich nicht der Sinn der Erkrankung in vollem oder auch nur in weitem Umfang aufgedeckt – der Mensch ist ja nicht bloß Magen oder Herz, er ist auch niemals magenkrank oder herzkrank, sondern immer in seiner Gesamtheit als Es krank. Aber um zu dem Es zu gelangen, ist die örtliche, sinnfällige Krankheitserscheinung ein brauchbarer Zugang. Man darf sich nur nicht scheuen, unter die Funktionen eines Organs oder eines Körperteils alles das zu rechnen, was der primitive Mensch, vor allem das Kind, dazu rechnet. Für den primitiven Menschen ist die Funktion des Herzens nicht mit seinen physikalischen Leistungen erschöpft; die kommen dabei viel weniger in Betracht als die Auffassung, daß alle Liebes- und Haßempfindungen ihren Sitz im Herzen haben, daß dort der Neid haust und der Zorn dort gehegt wird, daß im Herzen Gift sein kann, daß Sorgen auf das Herz drücken und so weiter.
Ich darf es Ihnen selbst überlassen, sich mit diesen Dingen weiter zu befassen. Fürchten Sie sich nicht davor, alberne Schlußfolgerungen zu ziehen. Es ist auf medizinischem Gebiet nicht anders als auf jedem andern Lebensgebiet: meist ist der Weg des kindlichen Denkens der beste, ja oft der einzig gangbare. Ein Mensch, der einen Blinden sieht, kann ohne Gefahr, etwas Falsches zu vermuten, annehmen, daß dieser Blinde blind wurde, weil sein Es es für besser hielt, das Augenlicht zu verlieren, vielleicht nach dem Satz der Bibel: So dich dein rechtes Auge ärgert, so reiße es aus. Es ist unter Umständen besser nicht zu

sehen als Schaden an seiner Seele zu nehmen. Es ist besser, unter Umständen, seine Hand zu verlieren als einen Menschen zu ermorden oder zu stehlen. Es ist besser, unter Umständen, das Leben durch irgendeine schwere Erkrankung, ja vielleicht durch den Tod zu fliehen als gequält von der Masse verdrängter Schuld frei zu leben. Warum sollte das Es nicht irgendeinen Bazillus, irgendeinen Kieselstein, eine Obstschale, einen Trunk kalten Wassers, einen Schreck, einen furchtbaren Gedanken benutzen, um sich im Fieber, in den Schmerzen des gebrochnen Gliedes, in der Erkältung, in der Ohnmacht oder dem Herzklopfen, ja der Wassersucht aller Verantwortung zu entziehen, alle Schuld zu vernichten, und wenn es schließlich durch den Tod oder Geisteskrankheit geschehen müßte?

Freilich, eins bleibt fraglich: Erkrankungen enthalten in sich die Lüge, den Betrug. Die Erkrankung ist kein ehrlicher Weg, und wer es für begehrenswert und für möglich hält, ehrlich zu sein, der tut gut, dem Es andre Wege zu weisen. Gibt es solche? Sie liegen jenseits von Gut und Böse. Jenseits von Gut und Böse gelangt der Mensch aber höchstens für Augenblicke.

Es hat einen tiefen Sinn, wenn Christus diesem oder jenem Kranken, statt ihm Heilung zu geben, sagt: Dir sind deine Sünden vergeben.

BEHANDLUNG

Vierter Vortrag an der Lessinghochschule

Während die Gedanken, die mich in den bisherigen Vorträgen beschäftigten, auf den Einfluß zurückzuführen sind, den Freud auf mich ausübt, muß ich bei der Besprechung ärztlicher Behandlung auf den Arzt zurückgreifen, dessen gleichen ich in vierzigjähriger Tätigkeit nicht wieder begegnet bin, auf Ernst Schweninger. Alles, was ich weiß und kann, verdanke ich ihm. Ich behaupte nicht, daß, was ich heute mitteile, treu das wiedergibt, was Schweninger dachte und lehrte, sondern nur das, was in meinem Gehirn daraus geworden ist. Ich weiß keinen kürzeren und klareren Weg zur Darlegung ärztlicher Ziele zu finden, als wenn ich die Ausdrücke anwende, in die er mit der Naivität des Genies seinen Glauben zusammenpreßte.

„Der Mensch ist das Produkt seiner Lebensverhältnisse im weitesten Sinne des Wortes: will man das Produkt ändern, so muß man die Faktoren ändern, aus denen es hervorgeht", das war der Leitsatz, nach dem Schweninger behandelte. Als ich noch jung war, verstand ich die Tiefe dieses Worts nicht; ich verwechselte damals das Wort Lebensverhältnisse mit einem anderen Wort, das Schweninger nie gebraucht hat, mit dem Wort Lebensumstände, glaubte, man müsse, um Schweningers Lehre zu befolgen, das äußere Leben des Kranken ändern, seine Lebensumstände. Aber gerade das hat Schweninger nicht gemeint, sondern er meinte und sagte Lebensverhältnisse; zu einem Verhältnis gehören aber mindestens zwei Dinge, die zu einander in Beziehung sind. Wer die Lebensverhältnisse ändern will, kann das auf dreierlei Weise tun, entweder er ändert die Außenwelt, die Lebensumstände – das ist der Weg, der den Studenten auf den Universitäten gezeigt wird und den der Arzt zu gehen pflegt, selbst dann zu gehen glaubt, wenn ihn sein Unbewußtes, sein Dämon andre Wege führt; – oder er ändert, wie es die Psychoanalyse tut, den Menschen – dabei muß sich das Produkt Mensch – Umwelt – Kranker ändern: oder drittens: er ändert das eine Mal die Umstände, das andre Mal den inneren Menschen, nötigenfalls beide gleichzeitig; das allein kann nach meiner Meinung der Sinn des Schweningerschen Leitsatzes gewesen sein. Jedenfalls wüßte ich nicht, was ich mir heute andres unter dem Wort Lebensverhältnisse vorstellen sollte.

Eine seltsame Beleuchtung bekommt der Satz, wenn man dabei eine Tatsache in Betracht zieht, die Schweninger immer und immer wieder betonte, die fast niemand beachtet, obwohl sie zutage liegt und jeder sie sehen kann. Schweninger sagte: Bei weitem die größte Zahl aller Krankheiten heilen von selbst, ganz gleich, ob sie so oder so oder gar nicht behandelt werden; wenn ich nicht irre, nannte er dabei 75 Prozent, was ich für zu niedrig halte: er zitierte dabei die drastischen Worte des Chirurgen Nußbaum, der zu sagen pflegte: Die meisten Wunden heilen, selbst wenn Sie sie mit Kuhdreck verbinden, eine gewisse Zahl aber heilt nur, wenn sie mit peinlicher Sauberkeit behandelt werden. Ein weiterer Teil aller Krankheiten bessert sich überhaupt nicht, ganz gleich, welche Behandlung stattfindet, man kann sie schätzend auf 15 Prozent angeben. Dann bleiben 10 Prozent übrig, bei denen es wirklich auf die Art der Behandlung ankommt. – Es hat keine Bedeutung, ob die angegebenen Zahlen richtig oder falsch sind, die Tatsache bleibt, daß die Behandlung selten über Gesundwerden oder Krankbleiben entscheidet. Vielleicht ist es schade, daß die Menschen diese Tatsache nicht kennen, vielleicht ist es aber auch gut: der Mensch scheint so eingerichtet zu sein, daß Angst ein Bedürfnis für ihn ist, damit er sich erlösen lassen kann. Ohne Zweifel aber bekommt die Frage nach der Art der Behandlung ein andres Gewicht, wenn man weiß, daß sie nur selten gestellt zu werden braucht.

Wenn man nun unter Berücksichtigung dessen, daß bei den meisten Erkrankungen jede Behandlung überflüssig ist, das Zahlenspiel weitertreibt, so stellt sich heraus, daß von den behandlungsbedürftigen Fällen bei weitem die meisten durch Veränderung der äußeren Lebensumstände günstig beeinflußt werden; mehr ist dann nicht nötig. Das ist der Grund, warum man es im allgemeinen bei solcher Veränderung der Umwelt bewenden läßt. Der Rest, der bleibt, ist Gegenstand der Umänderung des inneren Menschen oder einer Kombination, mit der man versucht, Umwelt und Innenwelt zu verändern. Die Erfahrungen der beiden letzten Jahrzehnte haben mich dazu veranlaßt, dieser Kombination den Vorzug zu geben. Die Erfolge dabei sind für mich und mein Wahrnehmungsvermögen so groß, daß ich geneigt bin anzunehmen, es sei bei einer solchen Kombination sogar möglich, einen oder den andern Kranken, der in die Gruppe der unbeeinflußbaren 15 Prozent gehört, nicht ohne Resultat zu verarzten. Aber das ist eine Vermutung, bei der leicht der Wunsch Vater des Gedankens sein mag.

Schweninger hatte, wie alle gescheiten Menschen, deren Gescheitheit und Güte groß genug ist, Neigung zur Selbstironie, und die Folge war, daß er bei aller Abneigung und allem Haß gegen die Schablone Sprüche benutzte, um seine Ansichten den Schülern eindringlich darzustellen. Unter anderm behauptete er, die Frage der ärztlichen Behandlung lasse sich am leichtesten mit Hilfe des Schemas erörtern, nach dem früher die lateinischen Schulaufsätze verfertigt wurden: Quis, quid, ubi, quibus auxiliis, cur, quomodo, quando; zu deutsch: Wer, was, wo, mit welchen Hilfen, warum, wie, wann. Es läßt sich tatsächlich mit diesem alten Sprüchlein allerlei deutlich machen.

Wer behandelt? Die Antwort auf diese Frage scheint einfach zu sein: der Arzt behandelt. Aber wir gehen ja von der Tatsache aus, daß der Mensch ein Es ist, daß also auch das wirksame Prinzip des Behandelns nicht ohne weiteres das Ich des Arztes ist, auch nicht sein Bewußtes und Unbewußtes zusammengenommen, sondern eben sein Es, das sich bald im Bewußten bald im Unbewußten, bald jenseits dieser beiden Systeme betätigt. Wollte der Arzt bestimmen, wer in Wahrheit behandelt, so müßte er sich selbst kennen und beurteilen können, und das vermag niemand. Danach scheint die Frage: Wer behandelt? nur sehr unbestimmt beantwortet zu werden, wenn man sagt: Der Arzt. Ja, es fragt sich sogar, ob die Antwort überhaupt richtig ist; sie ist es aber nicht. Das wird klar, wenn man weiter fragt: Wer wird behandelt? Der Kranke, das versteht sich von selbst. Aber nun taucht wieder die unangenehme Tatsache auf, daß wir vom Kranken sehr wenig wissen, daß wir nur einen geringen Teil seines Ichs, seines bewußten und unbewußten Systems und dessen, was jenseits dieser Systeme liegt, kennenlernen können, nämlich nur so viel, als das Es des Kranken offenbart und unser Es wahrnehmen will. Es stoßen in der Behandlung zwei voneinander unabhängige, aber sich nach freien Entschlüssen gegenseitig antwortende Wesen aufeinander; der Arzt wünscht den Kranken nach bestimmten, ihm nur zum geringsten Teil bekannten Ideen zu ändern mittels bestimmter, wiederum nur unvollkommen bekannter Mittel, so wie es ihm sein Es erlaubt; dieses Es des Arztes richtet sich aber in seinen Handlungen, ohne daß es dem behandelnden Arzte bewußt wird, nach dem, was ihm das Es des Kranken entgegenbringt; was es tut, ist zum großen Teil unbewußt, ja bewußtseinsunfähig. Das Es des Kranken nun, das scheinbar Gegenstand der Behandlung ist, hat, da es sich in Kranksein offenbart, Interesse daran, krank zu sein, es will krank bleiben, sucht infolgedessen das Es des Arztes irrezuführen, es so zu ändern, daß es unfähig wird, dem Es des Kranken die Annehmlichkeiten des Gesundseins deutlich zu machen, so daß es zur Gesundheit zurückkehrt. Die Frage: Wer behandelt? ist also nicht so zu beantworten, daß der Arzt den Kranken behandelt – das ist nur die eine Seite des Vorgangs –, sondern es sind gleichzeitig zwei sich immer von neuem kreuzende Behandlungen da, also auch zwei Behandelnde: Der Arzt behandelt den Kranken, der Kranke behandelt gleichzeitig den Arzt. Man könnte sagen, daß es ein Kampf zweier Behandlungen ist, von denen die eine sich bestrebt, den Willen zur Gesundheit eines andern zu kräftigen, die andre, vom Kranken ausgehende sich bestrebt, jede Maßnahme des Arztes darauf zu prüfen, ob sie nicht als Mittel, krank bleiben zu können, benutzt werden kann. Nur wenn es dem Arzte gelingt, die störende, den Arzt zu Behandlungsfehlern verleitende Tätigkeit des kranken Es so umzuwandeln, daß sie entweder den Widerstand aufgibt oder daß sie zu sehr ermattet, um genügenden Widerstand zu leisten, wird die Behandlung Erfolg haben.

Um es noch einmal deutlich zu sagen: bei der Beschäftigung mit Kranken kreuzen sich zwei Behandlungen, die beide entgegengesetzte Ziele haben. Es gibt also auch zwei „Wer", die sich gegenseitig behandeln: Der Arzt behandelt den Kranken und wird gleichzeitig vom Kranken behandelt. Dabei ist klar, daß es für den Erfolg wichtiger ist, daß die Behandlung des Arztes durch den Kranken mißlingt, als daß der Arzt nach wissenschaftlichen oder unwissenschaftlichen Grundsätzen voreingenommen handelt. Der Satz: Nil nocere – nichts Schädliches tun – ist das A und O allen ärztlichen Tuns, nur leider ist dieser Leitsatz viel schwerer zu befolgen, als man im allgemeinen glaubt.

Wenn so die Frage, wer behandelt, arg verwirrend ist, weil es zwei Behandelnde und zwei Behandelte gibt, so ist die Frage, was behandelt werden soll, mit einem Wort zu beantworten: der Widerstand. Aber sofort teilt sich Frage und Antwort, da zwei verschiedene Widerstände gegen die Genesung da sind, der eine, der von dem Kranken ausgeht, der andre, der aus dem Es des Arztes kommt. Der Widerstand, der von dem Kranken ausgeht, ist verhältnismäßig leicht unter einen Gesichtspunkt zu bringen: er ist im wesentlichen die Abneigung des Kranken, gesund zu werden. Man kann sich, um die Dinge zu vereinfachen – allerdings sind sie deshalb noch längst nicht einfach – den Kranken als ein Wesen mit doppelter Willensrichtung vorstellen: einmal geht sein Wille, sein Eswille, dahin, krank zu sein, sonst wäre der betreffende Mensch nicht krank, er ist es nur durch einen freilich meist unbewußten Willensakt; zum andern wünscht er, gesund zu werden – mit Ausnahme derer, die sich nur behandeln lassen, um sich zu beweisen, daß sie klüger sind als die Ärzte, das heißt als die Eltern, deren Stellvertreter die Ärzte sind – sonst würde er sich nicht behandeln lassen. Für die Behandlung ist die Unterstützung des Genesungswillens ziemlich wertlos, denn er ist immer da, selbst bei Sterbenden ist er da, wie das letzte Aufflackern der Kräfte kurz vor dem Sterben häufig beweist. Da aber die Unterstützung des Genesungswillens eine Aufgabe der ärztlichen Technik ist, die gelehrt werden kann, so ist sie im wesentlichen das, was auf den Universitäten gelehrt und, wenn das Glück gut ist, gelernt wird. Den Widerstand zu behandeln läßt sich nicht lehren, es läßt sich bloß lernen, und zwar ist es nur zu lernen durch Behandeln Kranker; daher kommt die verwirrende Tatsache, daß der junge Arzt trotz Begabung und Fleiß doch anfangs Pfuscherwerk tut; es geht nicht anders, und keine Verbesserung der Unterrichtsmethoden wird daran etwas ändern. Es ist betrübend, daß die Examina – bestenfalls – nur Auskunft darüber geben, daß der junge Arzt das Unwesentliche, die Technik seines Berufs beherrscht, aber es ist so. Die Approbation ist kein irgendwie sicherer Maßstab ärztlicher Tauglichkeit, ebensowenig wie das Fehlen der Approbation irgend etwas Wesentliches gegen die Eignung eines Menschen für die Ausübung des ärztlichen Berufs sagt; denn die technische Fertigkeit läßt sich überall und jederzeit erwerben, wenn auch zuzugeben ist, daß der Besuch der Universität der bequemste Weg zum Erlernen der Technik ist. – Um diese Seite ärztlicher Tätigkeit nochmals mit andern Worten auseinanderzusetzen: die Aufgabe des Arztes ist, den Genesungswillen des Kranken aus allen Hindernissen, Fallen und Schlingen zu befreien, die Genesung kommt dann von selbst. Dazu gehört eine wachsame Aufmerksamkeit: bei dem leisesten Zeichen einer Verschlimmerung, ja bei der Verlangsamung des Genesungstempos, ja selbst bei einer geringfügigen Trübung der Herzensbeziehung des Kranken zum Arzt muß der Arzt sich sagen: Ich habe einen Fehler gemacht; es kommt nur darauf an, herauszufinden, welcher Art dieser Fehler war, und ihn ehrlich mit dem Kranken zu besprechen, ohne Verlegenheit und ohne jeden Versuch, sich zu entschuldigen. – Und damit bin ich bei dem wichtigsten Teil der Behandlung, bei der Behandlung des Arztes durch den Kranken. Ich machte schon darauf aufmerksam, daß es abgesehen von dem Widerstand des Kranken gegen die Behandlung einen Widerstand im Wesen des Arztes gegen das gibt, was für die Genesung des Kranken notwendig ist; es würde mich zu weit führen, wenn ich die Bedingungen und Äußerungen dieses inneren, so oft verhängnisvollen Widerstands auseinandersetzen wollte, ich erwähne deshalb nur als klares Beispiel dafür den Kampf, den der Arzt ständig mit seiner Eitelkeit und dem von dem Publikum, den Lebenstatsachen und der dem Menschen von Natur eigenen Selbstanbetung genährten Größenwahn führen muß. Man könnte es so ausdrücken, daß der Arzt den bewußten und unbewußten Äußerungen jedes anderen unbedingten Glauben schenken darf, wenn er nur die verschiedenen Sprachweisen des Es dabei einigermaßen berücksichtigt, daß er aber sich selbst niemals auch nur das geringste glauben darf, wenn es ihm nicht durch die günstige Reaktion des Kranken bestätigt wird. Mit andern Worten, der Arzt hat in dem Verhalten dessen, den er behandelt, einen Maßstab für sein Es. Der Beruf des Arztes erleichtert die wesentliche Aufgabe des Menschen: Erkenne dich selbst in einer Weise, wie es kein anderer Beruf tut. Der Arzt ist der Mensch, der von der Behandlung unter allen Umständen Vorteil haben kann, inneren Vorteil. Nicht der Kranke sollte dem Arzte dankbar sein, sondern der Arzt dem Kranken. Daß der Kranke gesund wird, ist nie ein Verdienst des Arztes, es ist seine Schuld, die Schuld seiner

Torheit und Unwahrhaftigkeit, wenn der Kranke nicht gesund wird; der Arzt aber hat immer die Gelegenheit, in und durch die Behandlung, die er vom Kranken kostenlos empfängt, zu genesen, und wenn er es nicht tut, so ist es, weil er nicht genesen will, meist bewußt nicht genesen will; denn Vorbedingung solcher Genesung ist Verzicht auf Anbetung des Ichs, und dieser Verzicht ist für den Arzt schwerer als für andere Menschen.
So zerfällt denn die Frage, was behandelt werden soll, wiederum in zwei Linien, die sich dauernd kreuzen, voneinander entfernen, um sich wieder zu nähern und sich zu schneiden. Nur das eine ist dabei klar: Der Arzt bleibt in Behandlung, solange er seinen Beruf ausübt, aber die, die ihn behandeln, wechseln; die Resultate geben sich in seinem Wesen viel mehr als in seinen Fortschritten ärztlichen Geschicks kund, sie finden aber nie einen Abschluß. Der Kranke dagegen wird stets nur von einem Arzt behandelt, eigentlich von einer Gestalt seines Unbewußten, die über allen Wechsel der behandelnden Persönlichkeiten sich nicht wesentlich verändert, sondern immer Züge der Mutter in sich birgt. Da er eines bestimmten Leidens wegen den Arzt aufsucht, so endet die Behandlung bei ihm auch mit der Genesung; es kann sein, daß in ihm durch die Ereignisse des Krankseins und der Behandlung Umwälzungen des Wesens stattfinden, es kann aber auch sein, daß das nicht erreicht wird. Jedenfalls darf es nicht das Ziel der Behandlung sein, da sich die Behandlung nur um die Widerstände des Es zu kümmern hat. Was das Es mit sich anfängt, wenn es die Widerstände aufgibt, liegt außerhalb des Machtbereichs ärztlicher Tätigkeit. Wenn überhaupt ein Mensch zu der Einsicht kommen kann, daß man nur so weit Macht über den andern gewinnen kann, als dieser andre es erlaubt, so sollte der Arzt diese Einsicht haben, und er sollte sich auch klarmachen, daß er kein Prophet ist, daß seine Behandlung an den Augenblick gebunden ist und daß ein vorgefaßter Plan hinderlich sein kann, und schließlich, daß er den Ausgang Gott überlassen muß und infolgedessen auch nicht, ohne überheblich zu handeln, irgend etwas über diesen ihm unbekannten Ausgang mitzuteilen hat. Diagnose und Prognose, was ist es und was wird

daraus, das sind Dinge, die Kranker und Angehörige zu wissen wünschen, die aber der Arzt nicht weiß, also soll er auch nicht darüber Meinungen äußern. Die Tatsache, daß man eine Behandlung übernimmt, sagt an sich, daß der Arzt Hoffnung hat, etwas leisten zu können. Das sollte dem Kranken genügen, genügt ihm auch. Den Angehörigen genügt es nicht, aber Angehörige fallen in die Rubrik „Widerstand". Ihre Neugier muß behandelt werden.

Mit dem Wort „Angehörige", diesem Schreckenswort jedes Arztes, bin ich bei der Frage angelangt, wo der Kranke behandelt werden soll. Wenn es irgend geht, soll der Kranke dort behandelt werden, wo er sich gerade befindet. Das ist so ein allgemeiner Satz, aber wie läßt sich das durchführen? Arzt und Kranker müssen in naher Verbindung miteinander bleiben, sonst fehlt die Möglichkeit, die Behandlung wirklich zu leiten; denn dazu gehört, daß der Arzt die Lebensverhältnisse des Kranken kennt, um sie nötigenfalls zu ändern. Der Ton liegt für mich dabei wieder auf dem Wort Lebensverhältnisse. Nicht die Lebensumstände sind das Wichtige für den Erfolg der Behandlung, sondern wie der Kranke sich zu seinen Lebensumständen verhält. Wenn man das im Auge behält, verliert die Frage, wo soll behandelt werden, an Bedeutung. Ich brauche nicht erst zu sagen, daß die Lebensumstände, in denen jemand krank ist, Aufmerksamkeit verdienen: das weiß ein jeder, das lehrt das tägliche Leben, das Krankenhäuser, Erholungsheime, Badeorte und Kuren hier oder dort und dieser oder jener Art erfunden hat und mit Erfolg verwendet, das lehrt sogar die Universität, die sich ja sonst dadurch auszeichnet, daß sie möglichst wenig über Behandlung lehrt, wohl in der richtigen Erkenntnis, daß sich Wesentliches nicht lehren läßt, daß nur Technik gelehrt und gelernt werden kann. Wenn ich sage, es kommt nicht sehr viel darauf an, wo eine Behandlung stattfindet, vorausgesetzt, daß dem Arzt die Möglichkeit gegeben ist, Widerstände des Kranken rasch zu erkennen, sie zu untersuchen und, wenn es möglich ist, zu beseitigen, so meine ich damit, daß der Kranke allerdings seine äußeren Lebensumstände nicht mit sich schleppt, daß er aber sein Verhältnis zum Leben, die Grundlage dieses Verhältnisses überall wiederfindet; denn diese Grundlagen sind in ihm selbst enthalten. Der Mensch ist nicht das Produkt seiner Lebensumstände, sondern er baut sich seine Umwelt selber auf, dadurch, daß er ein Verhältnis zur Umwelt schafft, sich irgendwie annehmend oder ablehnend zu ihr sich verhält, schafft er die Umwelt, wenigstens die Umwelt, die für sein Leben in Betracht kommt. Und da scheint nun beim Menschen – ich brauche absichtlich das Wort scheint, denn Bestimmtes weiß ich nicht darüber – da scheint für den Menschen ein Gesetz zu gelten, daß er sein Verhalten zur Umwelt nach den Erfahrungen seiner Vergangenheit gestaltet, daß er gegenwärtige und zukünftige Umwelt einem Bilde anzuähneln sucht, das in seiner Vergangenheit in ihm sich gebildet hat und das nach Vollendung des dritten Lebensjahres nicht mehr wesentlich sich ändert. Die Umwelt des Menschen ist – man kann es ohne allzugroße Vergewaltigung der Tatsache, ohne die ja nichts gesagt werden kann, aussprechen – ein Gebilde seiner Phantasie, ist sein ihm eigentümliches, von ihm geschaffenes Kunstwerk. Da das so ist und da der Mensch sein ganzes Leben lang nur dieses eine Kunstwerk auszuarbeiten vermag und gar keine Sekunde Zeit hat, irgend etwas andres zu tun, so lebt er im wahrsten Sinne des Wortes stets in denselben Lebensverhältnissen. Sollen sie geändert werden – und von dieser Schweninger entlehnten Idee ging ich aus – so müssen sie dort geändert werden, wo sie sich gebildet haben, das heißt der Arzt hat, wenn er wirklich behandeln will, den Kranken in seine Kindheit zurückzubringen, in das Alter vor drei Jahren. Er ahmt damit nur den Gang der Natur nach, denn wie ich Ihnen früher auseinanderzusetzen suchte, ist die Erkrankung eine Rückkehr in die Kindheit. Die Natur oder meinetwegen das Leben ist so, wie es Christus sagt; so ihr nicht werdet wie die Kinder, werdet ihr nicht in das Himmelreich kommen.

Der Kranke muß in seiner Vergangenheit durch seine Vergangenheit behandelt werden. Allerdings muß ich dabei bemerken, daß ich das Technische – etwa das Einrichten eines zerbrochenen Knochens, das Anlegen eines Verbandes, das Verschreiben irgendwelcher Medizinen oder Diäten, das Baden oder die Heilgymnastik und Massage nicht mit unter die Behandlung rechne, denn das sind Dinge, deren Beherrschung noch längst nicht das Recht geben, sich vor sich selbst Arzt zu nennen.

Wenn ich nicht fürchtete, mißverstanden zu werden, so zwar, daß man wörtlich nimmt, was nur als Gleichnis gemeint sein kann, würde ich sagen: Ab und zu gerät ein Mensch in Verhältnisse der Umwelt gegenüber, die ihn – vielleicht auch nur sein Unbewußtes – an das Bild erinnern, das er sich als Kind von der Umwelt machte, daran erinnern, wie er sich als Kind diesen oder jenen Situationen und Ereignissen gegenüber verhielt. Sein Es ist damals mit Hilfe von Kunstfertigkeiten der Phantasie und der naiven Logik, wie sie nur dem Kind eigentümlich ist, aller Schwierigkeiten Herr geworden, zumal ihm zu jener Zeit noch große Möglichkeiten des Verdrängens unlösbarer Probleme offenstanden; vor allem waren die Gelegenheiten, Verantwortung und damit Schuld auf andere abzuschieben, tausendfach gegeben, da die großen Leute, Eltern, Erzieher und so weiter sich befugt glaubten, nach menschlichen Notwendigkeiten befugt glauben mußten, dem Kinde das Verantwortungsgefühl auszureden und auszuhandeln. Das war eine bequeme Sache damals, und es ist nicht weiter zu verwundern, daß das Es, in dessen Unbewußtem solche Bilder in der Kindheit geschaffener Schuldlosigkeit leben, wieder zum Kunstwerk greift, zur Dichtung. Nur steht ihm nicht mehr derselbe Weg des Abschiebens auf die Mutter zur Verfügung, weder die Mutter noch die Anerkennung der Verantwortungslosigkeit sind da: sie müssen zunächst erdichtet werden, so erdichtet werden, daß sie wirklich in dem Schauspiel des Lebens mitspielen. Beides, Mutter und Verantwortungslosigkeit sind mit dem Erkranken gegeben, aber leider auf Kosten der inneren Wahrhaftigkeit, und eine Dichtung, die nur des persönlichen Vorteils wegen ohne Notwendigkeit erdacht wird, nicht notwendig, weil die Not unbedingt gewendet werden muß, von selbst entsteht, gewissermaßen geboren wird, da die Zeit der Schwangerschaft abgelaufen ist, mißlingt, vor dem Gewissen des Dichters mißlingt sie, selbst dann, wenn die Umwelt sie anerkennt: sie ist erlogen, nicht gedichtet. Um aber dieser neuen Schuld, die aus der erlogenen, nicht gedichteten Verantwortungslosigkeit entspringt, auszuweichen, geht das Es denselben Weg des Krankseins weiter und weiter, verkriecht sich immer tiefer hinter der Krankheit. – Wer da helfen will – es ist hier bloß von den Erkrankungen die Rede, denen mit der Technik des Arztens nicht beizukommen ist – der kann gar nichts Besseres tun als die Kindheit wahrhaft wieder herstellen, wahrhaft erdichten. Das ist unter Umständen schwer, aber doch meist möglich, weil ja jeder Mensch als eigentlichen Kern seines Wesens das Kind in sich birgt und in allen wichtigen Dingen, Atmen, Essen, Trinken, Schlafen, Handeln, Empfinden und so weiter, ja selbst im Denken Kind geblieben ist und ist. Der Kranke muß durch die Behandlung wieder in seine Vergangenheit versetzt werden, vor die frühere Entscheidung, um die er sich herumgelogen hat, gestellt werden und einsehen lernen, daß es nicht darauf ankommt, schuldlos zu sein, sondern anzuerkennen, daß man ein armseliges Menschenkind ist, dessen Macht nicht einmal dazu ausreicht, schuldig zu sein. „Gott sei mir armem Sünder gnädig", darauf kommt es schließlich hinaus.

Die Frage, quibus auxiliis, mit welchen Hilfsmitteln das alles zu erreichen ist, beantwortet sich von selbst aus dem, was ich eben gesagt habe: der Arzt, der behandeln will, wirklich behandeln will, muß kindlich sein; je mehr er Kind ist, um so besser wird ihm sein Werk gelingen. Freilich um diesen Satz zu billigen, muß man erst anerkennen, daß das Kind der weise Mensch ist. Wer das nicht anerkennen kann, für den bleibt ein solcher Satz unsinnig. Ich möchte wünschen, daß unter meinen Zuhörern viele aus eigner Überzeugung meine Meinung von der Überlegenheit des Kindseins dem Erwachsensein gegenüber teilen. Um aber allen verständlich zu sein, kann ich die Formel wählen, daß die Hilfsmittel der Behandlung die gesamte Persönlichkeit des Arztes sind, wohlgemerkt die gesamte Persönlichkeit, wie sie eben nur beim Kinde zu finden ist oder in den Zeiten, in denen man wieder Kind ist. Solche Zeiten kehren täglich bei jedem Menschen wieder, aber wir kennen sie nicht, weil wir uns selbst so wenig kennen. Sich zum Bewußtsein bringen, wie oft wir naiv aus der Kindlichkeit heraus leben und denken und handeln, ist der Mühe wert; aus dieser methodischen Aufmerksamkeit ergibt sich von selbst eine rhythmische Ordnung dieser Zeiten und weiterhin eine große Verbreiterung der Persönlichkeit, so daß sie Menschenwelten umfassen und verstehen lernt, die ihr früher unbekannt und unzugänglich waren. Ich hätte also ebensogut sagen können, um Arzt zu sein, muß man seine Persönlichkeit so weit auszudehnen suchen, daß sie viele Saiten des Menschen bewußt spielen lassen kann, daß sie Menschliches in einem Grade beherrscht, wie andre es nicht beherrschen. Der Arzt braucht nicht Menschenkenntnis, sondern Kenntnis des Menschlichen. Daß sich solche Kenntnis des Menschlichen erlernen läßt, beweist die Psychoanalyse. Sie ist der Weg, der bis zu Freud nur den Kindern und den kindlich phantasiebegabten Erwachsenen gangbar war, den jetzt ein jeder gehen kann, wenn auch nicht jeder weit auf dem Wege kommt. Jedenfalls läßt sich jetzt schon sagen, daß der Arzt, der an der Psychonanlyse vorübergeht oder sie gar ablehnt, sich des besten Hilfsmittels beraubt, mit ganzer Seele zu behandeln; das heißt, ein solcher Arzt handelt ungefähr so wie einer, der Blutungen grundsätzlich durch Anwenden von siedendem Öl behandeln wollte.

Kur? Warum behandelt der Arzt? Weil er behandeln muß, aus keinem andern Grunde. Es geht ihm genauso wie der Schwangeren: wenn ihre Stunde gekommen ist, muß sie gebären. So und nicht anders ist es mit dem Behandeln des Arztes. Wenn seine Stunde da ist, muß er gebären, was in ihm ist, gleichgültig, ob er ein schönes Kind oder eine Mißgeburt in die Welt setzt, und da er immer schwanger ist und fast immer in kreißendem Zustand – er wird ja dauernd dadurch befruchtet, daß ihn sein Beruf zur Selbsterkenntnis zwingt – wird er behandeln und immer wieder behandeln, weil er es muß. – Ich würde auf das Warum nicht eingegangen sein, wenn nicht so viel Unrichtiges und Verderbliches über den Beruf des Arztes gesagt würde, vor allem daß sie ihren Beruf aus Menschenliebe betrieben oder gar, daß sie sich aufopfern. Solch Gerede wollen wir doch ruhig den seltsamen Eltern überlassen, die ihren Kindern vorreden, sie hätten die Kinder aus Liebe zu diesen noch gar nicht vorhandenen Kindern gezeugt, oder den Müttern, die es für erlaubt halten, von Aufopferung zu sprechen, während ihnen der erste Moment

des Nachdenkens zeigt, daß Kinder zu haben eine unermeßliche Freude ist, niemals ein Opfer. Der Arzt opfert sich nicht auf, er hat seinen Zwang in sich, und Menschenliebe besitzt er an sich nicht mehr als ein jeder, nur erleichtert ihm sein Beruf, menschenliebend zu werden und den Haß zu verlernen. Daß es so wenig Menschenverächter unter den erprobten Ärzten gibt, ist eine Gunst, die ihnen ihr Beruf schenkt.
Quomodo, wie soll der Arzt behandeln? – es ist eine alte Forderung, die immer wieder von neuem gestellt wird: er soll kausal behandeln, was sagen will, er soll die Ursache der Erkrankung finden und sie beseitigen oder unschädlich machen, dann wird die Erkrankung von selbst verschwinden. Vielleicht tut sie es; ich weiß es nicht, glaube auch nicht, daß irgend jemand es weiß, halte diese Forderung auch nur für ein Geschwätz. Denn die Ursache einer Erkrankung kennen, heißt: Gott gleich sein; es geht einfach nicht. Um sich die Möglichkeit einer ursächlichen Behandlung vorspiegeln zu können, muß man einem Taschenspielerkunststück des Lebens Glauben schenken, was allerdings bei der Sucht des Menschen – man nennt es ein Gesetz menschlichen Denkens – überall Ursachen zu finden, nicht weiter wunderbar ist. Man muß zu diesem Zweck annehmen, daß der Mensch ruhig sich gefallen läßt, was die Bazillen oder die Kälte oder das Gift mit ihm machen will, man muß annehmen, daß die Erkrankung von außen entsteht, also genau das Umgekehrte dessen, was der Fall ist. Eine Quantität Gift, Art und Zahl der jeweiligen Krankheitserreger, darüber läßt sich ja allerhand aussagen, aber das ist höchstens ein Teil der Sache, ein unwesentlicher Teil; die causa, die Ursache ist der Mensch selber, ist, wie er sein Verhältnis zu den äußeren Vorgängen gestaltet, und da dieses Verhältnis sich dauernd ändert, kann man nichts über die Ursache sagen, es sei denn, man kenne den Menschen ganz; und das würde voraussetzen, daß man das All kennt. – Vielleicht ist es überflüssig, daß ich diese Dinge bespreche; ich tue es, weil ich das Gefühl habe, daß sich die leidige Ursachsucherei und der Glaube, man könne Ursachen finden, auch in die Vorstellungen der Psychoanalyse eingedrängt haben und dort allerlei Verwirrung anrichten. Demgegenüber erkläre ich, daß ich nicht der An-

sicht bin und daß auch die Psychoanalyse nicht der Ansicht ist, daß Verdrängungen Ursachen von Erkrankungen seien und daß die Behandlung der Verdrängungen ursächliche Behandlung sei. Vielmehr ist sie, wie jede Behandlung immer war, ist und sein wird, eine symptomatische, eine, die sich nach den Symptomen zu richten hat, von den Symptomen ausgeht und sie als leitendes Prinzip benutzt. Allerdings gehört unter den Begriff Symptom nicht nur die Temperatur, der Pulsschlag, die verschiedenen Krankheitszeichen, sondern alles, was das Es des Kranken zeigt und was das Es des Arztes wahrnehmen kann, von der Gestalt des Kinns bis zu den tiefstverborgenen Gemütsbewegungen, von den gegenwärtigen Situationen bis in die fernste Vergangenheit. Immer ist es aber ein Bild, ein lebendiges Bild, was wir behandeln, niemals eine Ursache, immer der Mensch, die Ursache, nie die Umwelt. Ob etwas von dem, was der Mensch in seinen Symptomen zeigt, wichtig für die Behandlung ist oder nicht, läßt sich von vornherein nicht beurteilen, es kommt erst durch die Erscheinung heraus, die Freud Widerstand genannt hat. Da der Widerstand, dieses eigentliche Objekt jeder Behandlung erst nach und nach in seinen verschiedenen Äußerungen kenntlich wird, so ist es verhältnismäßig unwichtig, wie die Behandlung begonnen wird, wichtig ist dagegen, daß sie geduldig und aufmerksam durchgeführt wird; Geduld und Aufmerksamkeit sind Hilfsmittel, die, man kann fast sagen, jede Behandlung zu einer richtigen Behandlung machen. Wer sich dabei bewußt bleibt, daß der Arzt das Instrument ist, mit dem sich der Kranke herzustellen sucht, daß die Aufgabe des Arztes also ist, ein gutes Instrument zu sein, nicht aber ein guter Dirigent, der würde den Vorstellungen, die ich mir von der ärztlichen Tätigkeit mache, am ehesten entsprechen.

So bliebe denn, um einen vorläufigen Abschluß dieser oberflächlich geordneten Ansichten über Behandlung zu geben, noch die Frage übrig, wann soll der Arzt behandeln. Die Antwort ist für mich leicht, sie steht aber in Widerspruch mit dem, was üblich ist: Der Arzt soll nur dann behandeln, wenn der Kranke es von ihm verlangt. Dieser simple Satz enthält in sich eine scharfe Absage an das Verlangen der Allgemeinheit, der Arzt solle für

Hygiene des Lebens sorgen, seine Aufgabe sei in erster Linie, Krankheiten zu verhüten. Ich bin der Ansicht, daß das Aufgabe der Gesundheitsbeamten ist, nicht Aufgabe des Arztes. Er mag sich, wenn er Lust hat, damit beschäftigen, aber dann soll er wissen und nie vergessen, daß er durch die Beschäftigung mit allgemeiner Hygiene und durch spezielle Verhütung von Krankheiten in sich den größten Feind seiner ärztlichen Begabung stärkt, den Größenwahnsinn, daß er den Charakterfehler, dem der Arzt sowieso in erschreckendem Maße verfällt, die Überhebung, aufpäppelt und damit seine Leistungsfähigkeit auf seinem eigentlichen Gebiet, der Krankenbehandlung herabsetzt. Der Arzt ist der Kranken wegen da, nicht der Gesunden wegen. Er ist ein Instrument, mit dem der Kranke sich gesundet. Je feiner das Es des Arztes auf die Taten eines kranken Es reagiert, ohne seine eigenen Ideen dareinzumischen, seine eigenen Unvollkommenheiten, um so eher verdient er den höchsten Titel, den die Menschheit zu vergeben hat, den Titel: Arzt.

SCHICKSAL UND ZWANG

Das Thema, das mir Graf Keyserling für meinen Vortrag gestellt hat, lautet: Schicksal und Zwang. Wenn ich nur mit mir selbst zu tun hätte, würde ich rasch damit fertig sein; ich würde sagen: Schicksal, das bin ich selbst, und Zwang erkenne ich nicht an. Ich werde in aller Kürze auseinandersetzen, was ich mit diesen beiden Sätzen meine.

Wir stellen uns im täglichen Leben die Dinge und Geschehnisse einzeln vor, wir sprechen von ihnen, als ob sie unabhängig voneinander wären und geschähen, als ob der Baum oder der Stein, das Tier, der Mensch für sich allein als Einzelerscheinung existiere, als ob der Hund aus eigner, ihm innewohnender Kraft belle, der Baum aus eigner Kraft wüchse, der Mensch mit eignem, freiem Willen und mit voller Absicht das und das tun könne. Aber schon bei diesen einfachen Beispielen fällt auf, daß unser Denken Unterschiede macht, die unser Sprechen nicht anerkennt; wenn wir sagen: der und der Mensch reitet über die Heide, die

Katze läuft über den Weg, der Vogel baut sein Nest im Gebüsch, so meinen wir damit etwas andres, als wenn wir sagen: die Wolken ziehen am Himmel entlang, die Sonne geht auf, der Stein rollt den Berg hinunter. Während das Sprechen den Wolken, der Sonne, dem Stein noch Selbständigkeit andichtet, hat das Denken dem Leblosen schon längst jede Willensfreiheit abgesprochen. Ja, wir sind nicht einmal beim Leblosen stehengeblieben. Bei dem Satze: Der Baum bewegt sich im Winde, meinen wir, daß der Baum vom Winde bewegt wird; wir haben, auch in unsrer alltäglichen Vorstellungsweise, der Pflanzenwelt die Möglichkeit freier Willensbestimmung aberkannt. Bei den Tieren sind wir auf einen andern Ausweg verfallen, wir lassen sie aus Instinkt handeln, hinter dem irgendwelche nicht näher definierte Zwangsmechanismen stecken sollen, und erreichen auf diese Weise, daß nur für den Menschen die Willensfreiheit übrigbleibt. Da wir aber, sobald wir auf wissenschaftlich-experimentellem Wege oder mittels des logischen Denkens das Problem der Willensfreiheit untersuchen, sofort und stets erkennen, daß es eine solche Freiheit nicht gibt, sondern daß alles, was ist und geschieht, notwendig ist und notwendig geschehen muß, helfen wir uns, um unser Ichbewußtsein, unsre Überzeugung von der unabhängigen Selbstbestimmung unsers Denkens und unsrer Handlungen, unsre Verantwortlichkeit und unser Schuldgefühl – alles Begriffe, ohne die der Mensch nicht leben kann, die wesentliche Eigenschaften des Menschseins sind – um uns all das und mehr zu erhalten, helfen wir uns mit der Konstruktion des Worts und Begriffs Schicksal und schieben dieses Wort und diesen Begriff, sobald es uns paßt, in unser Denken und Sprechen ein. Die gewöhnliche Sprech- und Denkweise beschränkt das Wort Schicksal auf menschliches Erleben, für andre Dinge, für eine Stadt, ein Reich, die Welt, gebraucht sie dieses Wort nur, wenn sie dem Menschlichen angeähnelt worden sind.

Sieht man sich nun das Wort Schicksal ein wenig näher an, so stößt man auf eine merkwürdige Eigenschaft bei ihm: es enthält in sich einen Doppelsinn, wird einmal als etwas gedacht, was dem Menschen Ereignisse schickt, was also selber ein waltendes Wesen ist, im Gegensatz dazu aber auch als etwas, was von einer dritten unbestimmten Macht dem Menschen geschickt wird, über ihn verhängt wird; das Wort wird ambivalent gebraucht. Diese Ambivalenz beweist, daß in der Idee Schicksal ein Geheimnis, ein Mysterium, etwas Irrationales steckt, etwas, mit dem man nicht fertig werden kann, das, ganz anders als das Wort Notwendigkeit oder Zwang, einen dunklen, unklaren Inhalt hat; und da die Schicksalsidee sich im wesentlichen nur auf Menschliches bezieht, so ist zu vermuten, daß das mystische Dunkel des Worts und der Idee durch das Menschliche bedingt ist, daß ein Geheimnis des Menschen sich darin verbirgt und offenbart.

Wer in der Antike, im besonderen bei den Griechen, von denen ab und zu, meist im Anschluß an ästhetische Betrachtungen der griechischen Tragödien, behauptet wird, die Schicksalsidee sei für ihre Denkweise bedeutsam gewesen, nach Aufklärung forscht, wird sehr bald enttäuscht sein. An und für sich ist es ja schon schwer, die leitenden Gedankengänge einer sich über Jahrtausende wechselvoller Geschehnisse erstreckenden Kultur aufzufinden, bei den Griechen ist es aber unmöglich, weil im Laufe der Zeiten so viel über sie und ihr angebliches Denken geschrieben und gesprochen worden ist, daß man sie nicht mehr unbefangen sieht; sie sind für uns fremd und unverständlich, so gut wir sie auch zu verstehen glauben. In der Frage der Schicksalsidee aber läßt sich mit ziemlicher Sicherheit sagen, daß sie für die Griechen ebenso verschwommen und sich selbst widersprechend, ebenso geheimnisvoll war wie für uns, daß auch sie etwas Menschliches und zwar ein Mysterium des Menschen darin ausdrückten.

Wir alle sehen das antike Griechenland unwillkürlich in dem Spiegel Homers, und das wird vermutlich so bleiben, weil eben, abgesehen von der Bibel und dem Märchen, nichts existiert, was unsrer Neigung kindlichen Träumens und Dichtens so entspricht wie Ilias und Odyssee. Daher kommt es, daß uns als Bild der antiken Schicksalsidee zuerst die Szene einfällt, wie Zeus auf dem Gipfel des Ida sitzend den Willen des Schicksals erforscht, wie er die Schicksalslose der Danaer und Troer abwägt und sich der Entscheidung der Waage fügt. Wesentlich dieser Stelle wegen, die freilich an dichterischer Schönheit unvergleichlich ist und sich tief in das Gemüt eines jeden eingräbt, ist in uns die Vorstellung ent-

standen, der Grieche habe die Idee eines allwaltenden Schicksals gehabt, einer Moira, der Götter und Menschen und alles, was ist, unterworfen sei. Daß das ein Irrtum ist, ein Irrtum, hervorgerufen, wie ich schon sagte, durch die Gewalt der Dichtung, zeigt die Erzählung der Ilias wenige Gesänge später, wo es heißt: Jetzt würde auch gegen den Willen der Moira die heilige Ilios gefallen sein, wenn nicht Apollo die Mauer der Stadt gegen den stürmenden Helden geschützt hätte. Und wie bei Homer so findet man überall bei den Griechen dieselbe Doppeldeutigkeit der Moira, wie es bei uns mit dem Schicksal ist: die Moira ist ihnen allwaltend und doch nicht allwaltend, ein jeder ist ihrem Willen unterworfen und doch vermag ein jeder gegen ihren Willen zu handeln. Die einzige Aufklärung, die wir aus dem Studium der Antike über die Schicksalsidee bekommen, ist, daß man vor Jahrtausenden mit dieser Idee genau so willkürlich verfuhr, wie wir es tun, daß man sie benutzte oder beiseite warf, je nachdem es zweckmäßig schien, daß sie aber immer da war, dunkel, geheimnisvoll, drohend, ewig. Und immer klarer wird es nun: die Schicksalsidee ist irgend etwas, was zum Menschen gehört, eine menschliche Eigenschaft, ein seelisches Organ des Menschen, etwa entsprechend den Augen oder dem Herzen des Menschen, ein Hinausstellen und Gestalten eines inneren Problems, fast möchte man sagen eines inneren unlösbaren Gegensatzes, den jeder Mensch von Natur aus in sich hat. – Sie sehen, ich nähere mich ein wenig dem Satz: das Schicksal, das ist der Mensch selbst.
Noch einen Schritt weiter auf diesem Wege führt die Betrachtung der sogenannten Schicksalstragödie der Griechen und gerade des Stücks, das stets als typische Schicksalstragödie in der gebildeten Welt angeführt wird, des Königs Ödipus von Sophokles. Wie Sie alle wissen, lebt unter uns ein Mann, Sigmund Freud, der aus dieser Tragödie den sogenannten Ödipuskomplex abgeleitet hat. Seit er das getan hat, weiß ein jeder, der nicht notgedrungen die Einsicht in die Probleme des Lebens verleugnet, daß unser Leben in weiten, unübersehbar weiten Strecken von einem inneren, allen Menschen gemeinsamen Konflikt beherrscht wird, dessen Eigentümlichkeit es ist, daß er wohl zu zeitweiliger Ruhe kommt, aber immer da ist und jederzeit in der oder jener Form wieder

ausbrechen kann, daß er, um den Ausdruck zu gebrauchen, Menschenschicksal ist, wenn er auch nur einen Teil dieses Schicksals in sich schließt: es ist der Kampf zwischen dem aus der Tiefe geborenen und nie endenden Wunsch nach dem Besitz der Mutter und dem überall und zu allen Zeiten anerkannten Verbot des blutschänderischen Verkehrs zwischen Mutter und Kind. – Hier ist nicht der Ort, auf die Frage des Wunsches nach der Blutschande und des dem Menschen eingeborenen Verbots der Blutschande, auf die Bedeutung des Ödipuskomplexes für menschliches Erleben einzugehen. Nur um deutlicher zu machen, was darunter zu verstehen ist, wenn ich behaupte: das Schicksal ist eine Projektion eines zur Natur, zum Wesen des Menschen gehörigen Mysteriums nach außen, habe ich diese seltsamen Vorgänge in unserm Unbewußten und Bewußten erwähnt, habe sie gerade deshalb erwähnt, weil sie sich von dem Sophokleischen Ödipus an bis zur fernsten Vergangenheit und bis in die neuste Gegenwart, in der Poesie und wo es auch sei, verfolgen lassen und so durch die Zeitlänge ihres Vorkommens etwas Beweiskraft haben.
Ehe ich weitergehe, werde ich mich ein wenig mit dem zweiten Wort des Themas, mit dem Worte Zwang beschäftigen. Der Begriff Zwang setzt zweierlei voraus: einmal, daß eine Macht da ist, die ein Objekt zu etwas zwingen will und möglicherweise auch zwingt, und dann, daß das Objekt, das gezwungen wird, den Zwang als seinen Neigungen widersprechend empfindet und ihn zu brechen wünscht. Zwang ist also wiederum etwas, was wir uns als außerhalb unsres eignen Wesens, zum mindesten unsres eigentlichen Wesens – wir sprechen ja auch von einem inneren Zwang – vorstellen; nur fehlt dem Zwang, wenn man ihn mit dem Schicksal vergleicht, das Großartige, Allgewaltige, Unvermeidliche; er existiert nur so lange, als der Mensch sich nicht einordnet, nur so lange, als er den Sinn von Welt und Leben nicht anerkennt. Der Zwang läßt sich überwinden. Wenn man einen Menschen in einen Kerker wirft, so zwingt man ihn, in diesem Kerker zu leben. Dieser Zwang hört aber in dem Augenblicke auf, wo der Gefangene beschließt, nicht mehr gegen die Kerkermauern anzurennen. Der Gefangene ist, selbst wenn er an die Wand geschmiedet ist, fähig, könnte es wenigstens sein, aus die-

sem Zwang eine Notwendigkeit zu machen, sie anzuerkennen und sich innerhalb der Grenzen dieser Notwendigkeit ein eigenes, ihm eigentümliches Reich der Freiheit zu schaffen. Jeder Zwang endet, sobald er nicht mehr als Zwang empfunden wird. Das ist allerdings schwer, und es gelingt nur selten, das Chaos der Empörung gegen den Zwang zum Kosmos der Anerkennung der Notwendigkeit umzuwandeln. Der Satz: den Zwang erkenne ich nicht an, lautet richtiger: wenn ich das wäre, was ich gern sein möchte, würde ich Zwang nicht anerkennen.

Und nun endlich steht man Worten gegenüber, die nicht, oder wenigstens nicht allzumenschlich angemenschelt sind, den Worten Notwendigkeit und Ordnung, und ihnen schließt sich als drittes das Wort Bedingtheit an. Alle drei erweitern das Feld des Denkens aus sich heraus in das Unendliche; sie haben, wenn sie sinngemäß gebraucht werden, nichts mehr mit dem Einzelmenschen, mit dem Ich, mit der Willensfreiheit zu tun, das alles geht auf, verschwindet in der Unermeßlichkeit des Alls; ja fast könnte man sagen, das Menschliche ist aus diesen Worten ausgeschaltet, so weit es sich überhaupt ausschalten läßt; völlig ist das nicht zu erreichen, weil wir Menschen alles menschlich auffassen und begreifen, mit unsern Menschensinnen wahrnehmen, mit unsern Menschengedanken denken und mit unsern Menschenworten sprechen. Erst wenn man sich von den Worten Schicksal und Zwang abwendet und statt dessen Worte braucht, die Unendlichkeit und Ewigkeit umfassen, die Raum für das Außermenschliche bieten und dem Menschen den schmalen Raum zuweisen, den er in Wahrheit ausfüllt, wenn man die Gottähnlichkeit des Menschen als das erkennt, was sie ist, die ihm wesensgemäße Anmaßung des Glieds, ein Ganzes zu sein, und statt des Menschen die dunkle Welt setzt, erst wenn man von Bedingtheit, Notwendigkeit, Ordnung spricht, kann man dem Problem der Freiheit nähertreten, sich mit ihm beschäftigen. Und dann hat es keinen Zweck mehr, denn in diesem Moment der Höhe, zu der ein jeder sich zeitweilig erhebt, existiert der Begriff Freiheit nicht mehr, infolgedessen auch nicht das Problem der Freiheit. In diesen größten Augenblicken eines Menschenlebens ist eben alles bedingt, alles notwendig, alles geordnet.

Bedingtheit will sagen, daß die Dinge sich gegenseitig schaffen und umwandeln, daß ein Ding ohne das andre nicht existieren kann, daß ein Ding so und nicht anders ist und nicht anders sein kann, weil die andern Dinge so und nicht anders sind und nicht anders sein können, daß etwas Einzelnes nicht da ist, daß das Einzelne ein unlösbares, notwendiges, geordnetes Glied des Ganzen, des Alls ist, daß das Einzelne nur ein Symbol des Ganzen ist, ein Zauberspiegel, in dem das All in Bewegung und Ruhe sehen kann, wer Augen dazu hat, und daß es die dem Menschenwesen zugehörige Hybris ist, der Dünkel des Menschen, gottähnlich zu sein, während er doch nur ein Gleichnis Gottes ist, – was ihn verleitet, das Einzelne zu etwas Ganzem zu machen. Es ist vergeblich, denn das Einzelne läßt sich nicht ohne Lüge aus dem Zusammenhang des Ganzen lösen, es ist nicht frei, es ist bedingt.
Und es ist notwendig. Notwendigkeit, das ist, was die Not wendet oder was so wendig ist, daß es sich der Not fügt und damit die Not vernichtet. Damit tritt zu dem Begriff des Bedingtseins noch etwas andres, etwas Zweckmäßiges, etwas, was die Not unmöglich macht. – In dem Wort „Notwendigkeit" liegt etwas dunkel Absichtliches, irgend etwas, was wieder eine Verbindung mit Menschsein, Absichtlichsein, Freisein herstellt, wenn diese Verbindung auch noch so locker ist. Es wird sich später aufklären, was es zu bedeuten hat, daß sich uns immer wieder – es gilt das selbst vom vorsichtigsten abstrakten Sprechen und Denken – in dergleichen Auseinandersetzungen menschliche Maßstäbe aufdrängen.
Das Wort Notwendigkeit schließt nun aber das Ordnende in sich. Um Not von der Bedingtheit abzuwenden oder die Bedingtheit der Not zu fügen, muß irgendwelche Ordnung, wenn sie auch nur negativ gerichtet ist, da sein. Und sie ist da, wenigstens für das menschliche Urteil ist sie da. Wir sind, da wir nun einmal Menschen sind und nichts andres sein können, von keinem andern Standpunkt als von dem menschlichen aus zu urteilen vermögen, unfähig das Chaos zu denken, für uns gibt es nur den Kosmos, wir sind infolge unsers Menschseins dazu gehalten, ursächlich zu denken, und das Wort Ursache setzt eine Ordnung voraus.
Es fragt sich nun, ob es richtig ist, daß alles bedingt ist; vorläufig

habe ich es nur als Behauptung hingestellt. Es ist nicht meine Sache, die Gültigkeit des Satzes von der Bedingtheit der Dinge logisch zu beweisen, zumal das tausendmal logisch bewiesen worden ist. Vielmehr ziehe ich mich auf das Gebiet zurück, das ich aufgrund meines Berufs einigermaßen kenne, auf das Gebiet des Arztes, auf die Beobachtung des menschlichen Lebens. Auf diesem Gebiet habe ich nie etwas andres kennengelernt als Bedingtheit. Der Mensch ist in allem und jedem bedingt durch Umwelt und Innenwelt; nicht ein Augenblick in seinem Leben ist da, wo ihm Gelegenheit zu freier Wahl, zu freiem Willen gegeben wäre. Nicht eine einzige Lücke ist in den Zusammenhängen mit sich selbst und der Welt, und wenn sie noch so schmal wäre, wo sich etwas wie Freiheit einschmuggeln könnte, selbst nicht die des Ja- oder Neinsagens. Der Mensch ist eben nicht ein Teil des Ganzen – ein Teil setzt die Möglichkeit des Abteilens, des Trennens voraus –, er ist ein Glied des Kosmos, das nicht aus dem Kosmos isoliert werden kann. Um deutlich zu machen, was ich damit meine, brauche ich Sie nur daran zu erinnern, daß wir zu unsrer Existenz tausenderlei Dinge brauchen: Luft, Wasser, Bewegung, Schlaf und so weiter, ja, daß selbst der Fakir, der jahrelang ohne Atmung und Nahrung lebendig begraben zubringt – das Experiment ist gemacht und sorgfältig überwacht worden; so schlimm das für unsre physiologische Wissenschaft ist, deren Grundlehren dadurch in ihrer Allgemeingültigkeit widerlegt sind, läßt sich an der Tatsache eines Lebens ohne Sauerstoffzufuhr und ohne Nahrungszufuhr nicht zweifeln –, daß selbst der Fakir nachweislich bedingt ist durch seine Entstehung, durch seine Vergangenheit, durch den Lebenstrieb in ihm, durch den unentrinnbaren Kosmos. Ja, bei dem Erforschen dieser Bedingtheit stößt man auf Tatsachen, die erschrecken, die wohl angeschaut und ausgedacht werden können, deren Übernahme in das tägliche Leben aber unmöglich ist, weil sie zu viel Grauen erregen. Es stellt sich nämlich, schon bei kurzer Überlegung, zu der man sich allerdings nur schwer entschließen kann, heraus, daß das Individuum Mensch eine willkürliche, der Notwendigkeit unsres Denkens entsprungene Erfindung ist; denn für dieses angebliche Individuum Mensch gibt es weder zeitlich noch räumlich Anfang und Ende, bestehen

weder zeitlich noch räumlich Grenzen. Niemals entsteht ein Mensch, er war schon von Ewigkeit her, in andrer Form, aber er war, und die Bezeichnung Mensch ist nur der Name einer bestimmten Form des wandelbaren, aber immer seienden Alls; niemals stirbt ein Mensch; das, was ist, bleibt, wechselt nur die Form. Es ist nicht möglich anzugeben, wann oder wo der Sauerstoff, den wir einatmen, das Brot, das wir essen, das Wasser, das wir trinken, Mensch wird, Bestandteil unsrer selbst wird, es ist nicht möglich anzugeben, wann, an welcher Stelle der Lichtstrahl, die Tonwelle, der elektrische Strom unser eigen wird, in uns einverleibt wird. Die Dinge fließen im ewigen Wechsel des Stirb und Werde ineinander, sind nicht zu trennen, sind bedingt. Es ist nichts da, wo das Einzelwesen frei sein könnte, ganz einfach, weil das Einzelwesen nicht existiert außer in unsrer dichtenden Phantasie. In Wahrheit – es kann nicht anders sein – hat noch nie jemand an der völligen Bedingtheit des Seienden, auch des Menschen, gezweifelt; in Wahrheit ist noch nie jemand gedanklich überzeugt davon gewesen, daß es eine Freiheit gäbe. Das hindert nicht, daß auch noch nie jemand wirklich an die Bedingtheit geglaubt hat, einen solchen Glauben zur Grundlage seines Wesens und Lebens gemacht hat, daß noch nie jemand an der Existenz und Notwendigkeit des freien Willens gezweifelt hat. Zwischen beiden Behauptungen besteht nur ein scheinbarer Widerspruch, den aufzulösen wohl nichts geeigneter ist als das Wort Notwendigkeit. Der Glaube wendet die Not des Wissens.
Notwendigkeit, Ordnung, auch bei diesen Worten könnte ich sagen: ich bin Arzt und als solchem ist mir der Gedanke, daß alles Geschehen notwendig und geordnet ist, unentbehrlich. Es würde aber nur halb aufrichtig sein. Daß überall, in allen Dingen und in allem Geschehen Notwendigkeit und Ordnung ist, glaube ich, und Glauben ist mehr als Wissen. Wer weiß, kann immer noch zweifeln, ob er es nicht irgendwann besser wissen wird; der Glaube aber ist eine gewisse Zuversicht des, das man hoffet, und ein Nichtzweifeln an dem, das man nicht siehet. Wer glaubt, zweifelt nicht und wird nie zweifeln, wird wenigstens immer wieder zu dem Nichtzweifeln und der gewissen Zuversicht zurückkehren, weil im Glauben – ganz und gar nicht im Wissen – die Erfüllung

letzter und unentbehrlicher Wünsche liegt. Ich glaube also, daß in der Bedingtheit Notwendigkeit und Ordnung herrschen, der Glaube aber schließt das Verlangen nach Beweisen aus, er bedarf ihrer nicht, ja verträgt sich nicht einmal mit Beweisen, da er Wissen wird, sobald der Beweis da ist. Ich bin auch der Ansicht, daß ein jeder zu diesem Glauben an Notwendigkeit und Ordnung hinneigt, daß ein jeder ihn in mehr oder weniger verdrängter Form besitzt und daß sich wohl bis zu einem gewissen Grade finden läßt, warum ein solcher Glaube bei dem einen mehr, bei dem andern weniger verdrängt wird. Für den Arzt fallen, je länger und eindringlicher er sich mit dem Leid des Menschen beschäftigt, um so mehr die Verdrängungsschranken fort, so daß der seltsam widerspruchsvolle Zustand zutage tritt, daß der Arzt unsers Jahrhunderts trotz seiner materialistischen Ausbildung und seiner fast typischen Schaustellung eines unwahren Atheismus der Vertreter des Glaubens geworden ist, wenn auch dieser Glaube nichts mit Kirche und Dogma zu tun hat.
Trotz dieser Absage an die Gültigkeit der Beweise gebe ich aus meinen Berufserfahrungen ein Beispiel der Notwendigkeit, nicht um zu beweisen, sondern zu erläutern. Die moderne Medizin arbeitet, wie Sie alle wissen, theoretisch mit dem Begriff der Immunität, und auch praktisch tut sie das in ausgedehnter, vielleicht übertriebener Weise. Sie geht dabei von der Idee aus, daß der Organismus kosmisch, geordnet ist und auf jede Schädlichkeit mit irgendwelchen Schutzmaßregeln – etwa mit Bildung von komplizierten chemischen Stoffen, Antitoxinen oder wie man sie sonst nennen mag, mit Eiterungen, Fieber, Brand, Verminderung der Lebensprozesse, Linderung des Schmerzes durch Bewußtlosigkeit oder Stumpfheit des Empfindens und so weiter – notwendig antwortet, daß, gleichzeitig und von der Krankheit bedingt, auch die Neigung zur Selbstheilung da ist, daß sie notwendig da ist, immer und unter allen Umständen. Daß das Wenden der Not zur inneren Harmonie dem Organismus nicht immer gelingt, versteht sich von selbst, da dieser Organismus ja nicht isoliert, nicht für sich bestehend, sondern bedingt ist und sich infolgedessen den Dingen, dem All fügen muß. Eins gibt es aber für jeden Menschen, was alle Not wendet und endet, den Tod, der für den Arzt

als Arzt kein Schrecken ist, sondern Freund und letzte, beste Hilfe. Ich zweifle nicht, daß ein jeder aus seinem eignen Lebenskreise heraus das entsprechende Beispiel dafür findet, wie alles notwendig ist, oder um es anders auszudrücken, wie alle Dinge zum Besten dienen.

Auch für mein Nichtzweifeln an der Ordnung, am Kosmos, an der Unmöglichkeit des Chaos gebe ich ein Beispiel aus der ärztlichen Erfahrungswelt: wenn man dem Hunde – und es gilt dasselbe auch für den Menschen, nur sind die beweisenden Experimente am Hunde gemacht worden – ein Stück Fleisch zu fressen gibt, so werden in seinem Magen-Darmkanal genau so viel und genau so geartete chemische Stoffe gebildet und abgesondert, als zur Verdauung dieses Fleischstückes nötig sind, bei einem Stück Brot werden andre Mengen und anders zusammengesetzte Mengen abgesondert, aber stets die Menge und Art, die zur Verdauung des Brotes nötig ist. Es herrscht Ordnung, und wenn die Ordnung gestört wird, so beginnt die Notwendigkeit, in der Form der Krankheit, zu arbeiten, der stets als letztes Mittel der Tod dienstbar ist. – Im übrigen darf ich voraussetzen, daß Ihnen die Tatsachen noch erinnerlich sind, die Driesch im vorigen Jahr mitgeteilt hat; sie allein und noch mehr, wenn aus seinen und andrer Forscher Entdeckungen ergänzendes Material hinzugefügt wird, sind am besten geeignet, eine, wenn auch noch so unwillig aufgenommene Vorstellung von der bedingten, notwendigen Ordnung zu geben, die jedes Chaos, aber auch jede Freiheit ausschließt.

Jede Freiheit, auch die der Wesensgemäßheit, auch die des Ja- und Neinsagens; denn letzten Endes gibt es nichts andres als Wesensgemäßes, und letzten Endes gibt es kein Nein, sondern nur ein Ja. Dem Ich ist es möglich, etwas für nicht wesensgemäß zu halten, das Ich kann zu etwas nein sagen, es kann an Notwendigkeit und Ordnung glauben, ja alle diese Fähigkeiten des Ich gehören zu ihm, sind Bestandteile des Ich, ohne die ein Ich, ein sich als Einzelwesen empfindendes Ich – und wir empfinden uns von Natur aus alle als Einzelwesen – nicht denkbar ist; aber da das Ich, das Einzelwesen eine Fiktion des Menschen ist, allerdings eine Fiktion, zu der der Mensch unweigerlich greifen muß, selbst

wenn er noch so fest Buddha zu sein glaubt oder Buddha wirklich ist, da das Ich nur ein Werkzeug, eine Art Anschauungsinstrument, irgendeine Art Brille ist, durch die zu sehen uns das All befiehlt – warum, weiß Gott allein, der alles besser weiß –, sind seine Ansichten über Wesensgemäßheit, Ja und Nein, Notwendigkeit und Ordnung auch nur fiktiv. Sie sagen etwas über den Menschen aus, über seine Eigentümlichkeiten und Eigenschaften; über den Kosmos, über das All sagen sie nichts aus. Das All sagt vielmehr deutlich und vernehmlich für den, der Ohren hat zu hören: „Du bist mein, ich gebe das Gesetz, daß du dich Mensch nennst und dich für ein selbständiges Menschenwesen hältst, ich schenke dir den Glauben an dein Ich, an dein Menschsein und schenke ihn dir als Zeichen eines Menschseins. Lebe und sei blind, damit du immer Sehnsucht nach dem Lichte habest."
Mit Fug und Recht könnte ich hier meinen Vortrag schließen; denn ich glaube, deutlich genug gemacht zu haben, was ich mit dem Satze meinte, das Schicksal, das bin ich selbst: weil wir bedingt sind, gibt es kein Schicksal, sondern nur Ordnung: weil wir aber von dieser Ordnung das Ichgefühl mit allen seinen Folgen – Schuld, Verantwortung, Freiheit – als Lebensorgan mitbekommen haben, in tausendfacher bittrer und über alles süßer Erfahrung aber lernen, daß wir weder ein Ich sind, noch eine Schuld, noch eine Verantwortung, noch eine Spur von Freiheit haben, weil wir also unter der Ambivalenz stehen, so müssen wir, sobald die Ambivalenz nicht im Gleichgewicht ist, sobald die Not der Menschennichtigkeit uns bewußt zu werden droht, notwendig den einen Teil der Ambivalenz, eben das Bewußtwerden der Bedingtheit, aus uns herausdrängen und als Schicksal – man könnte auch Gott sagen oder Natur oder Ordnung oder All –, als etwas uns Fremdes unschädlich machen. Der Mensch ist so eingerichtet, daß er sich durch sein Denken und sein Erfahren für Augenblicke klarmachen kann und klarmachen muß: ich habe keinen freien Willen; er ist aber zugleich so eingerichtet, daß er durch diese Wahrheit wie durch jede Wahrheit in Not gerät und deshalb notwendig in seinem Tun und Denken und Fühlen, in seiner Art zu leben in die Dämmerung halber Wahrheit und halber Lüge flüchtet und darin wirkt: Ich kann, was ich will. Und wenn

schon der Gebrauch des Wortes und der Idee Schicksal nur ein Verleugnen der Wahrheit und ein in Dunkel gehülltes Eingeständnis unsrer Zugehörigkeit zum All, die wir töricht genug Schwäche nennen, ist, so ist das Wort Zwang fast nicht mehr menschlich, sondern allzu menschlich. Kein Mensch muß müssen. Es gibt keinen Zwang; es gibt Ordnung.

Wie gesagt, ich könnte hier aufhören. Aber damit Sie sehen, wie ernsthaft das alles gemeint ist, wie lebensgestaltend oder, wenn Sie den Ausdruck vorziehen, schicksalhaft der Versuch der Einsicht und Anerkennung der Menschenambivalenz wirkt, werde ich um denselben Mittelpunkt Mensch einen engeren Kreis schlagen, statt vom Makrokosmos vom Mikrokosmos, statt vom Wesen des All vom Wesen des Menschen ein paar Worte sagen.

Die Begriffsbildung und Wortgebung Mensch ist nur möglich durch ein gewaltsames, in sich falsches Loslösen eines Gliedes aus dem All. Da wir aber den Begriff und das Wort haben und unsrer Natur nach anerkennen, so dürfen wir uns auch einen Begriff über das Wesen des Menschen machen, allerdings immer mit dem Vorbehalt, daß wir uns dabei innerhalb eines erdachten, nicht wahren Kreises bewegen. Da fällt zunächst auf, daß das Wesen des Menschen ganz etwas andres ist, viel ausgedehnter und wahrer ist als das Wesen des Ich. Der Beweis dafür ist einfach, da ja das Wort Ich erst etwa im dritten Lebensjahr Gewalt über den Menschen bekommt, man aber nicht gut dem kleinen Kinde das Menschsein absprechen kann. Abgesehen davon lehrt uns aber jeder Augenblick, daß der größte Teil unsers Lebens nicht das mindeste mit dem Ich zu tun hat; nicht unser Ich läßt das Herz im Rhythmus schlagen, nicht unser Ich ernährt die Zellen, nicht unser Ich wählt unter den Sinneseindrücken aus, was Wahrnehmung werden soll, nicht unser Ich schafft unsre Erkrankungen oder unsre Genesungen, nicht unser Ich läßt uns lieben, hassen, schlafen, wachen, sondern irgend etwas andres tut das alles, etwas Undefinierbares, Unbestimmtes, das man gerade dieser Unbestimmtheit wegen das Es nennen kann. Diesem Es nun des Menschen – nochmals, es ist eine erkünstelte, lediglich zu ärztlichen Zwecken erfundene Bezeichnung – muß man, ebenso wie man es mit den Menschen tut, irgendeinen Anfang geben, und

warum sollte man ihm nicht denselben Anfang geben, den wir gewohnheitsmäßig dem Menschen geben, den Moment der Empfängnis.
Wer sich zu diesem – gewiß fehlerhaften, aber immerhin zum Zwecke der Forschung als Arbeitshypothese brauchbaren – Schlagen eines mit dem Allgedanken konzentrischen Kreises, in dessen Umfangslinie der Moment der Entstehung des Es, der Empfängnis liegt und der das Es umfaßt, entschlossen hat, für den ergeben sich einige merkwürdige Durchblicke auf das Menschenleben, die dem anmaßenden Wort: der Mensch ist sein eignes Schicksal, einen Schein des Rechts geben.
Sehen wir einmal zu, wie die Dinge eines Menschenlebens von diesem Moment an verlaufen; allerdings dürfen Sie dabei nicht vergessen, daß wir sehr weniges über den Menschen und sein Leben wissen, sehr vieles, das meiste nicht wissen. Zunächst ist da ein Vorgang, den wir die Befruchtung nennen. Das Wort ist leicht ausgesprochen und das Geschehnis läuft in kurzer Zeit ab. Wenn man aber bedenkt, daß seit Menschenaltern die Schar der wissenschaftlichen Heroen unter Heranziehung Tausender von Handlangern damit beschäftigt gewesen ist, diesen Vorgang zu erforschen, und doch kaum tiefer als in die oberflächlichsten Schichten vorgedrungen ist, geschweige denn, daß man ihn künstlich nachmachen könnte, wenn man das bedenkt, so bekommt man eine Ahnung davon, was für ein seltsam mächtiges Wesen das Es des Menschen ist; denn um diese Befruchtung zu bewerkstelligen, muß das Es über mathematische, physikalische, chemische Kenntnisse verfügen, deren geringer Bruchteil, in das Bewußtsein eines Menschen aufgenommen, diesem Menschen zur größten Berühmtheit aller Zeiten verhelfen würde. An die Befruchtung schließt sich die Furchung und Teilung der befruchteten Zelle an; Sie erinnern sich aus dem Vortrag Drieschs vom vorigen Jahr, was es damit auf sich hat; der geringste Rechenfehler des Es, das Verfehlen einer chemischen Mischung um ein Tausendstel Milligramm würde unberechenbare Folgen haben, hat es auch unter Umständen; im allgemeinen ist aber die Geschicklichkeit, die künstlerische, schöpferische Sicherheit des Es so groß, daß es ohne Schwierigkeit von der Umwelt zugefügte Schäden

wieder gutmacht, ja, daß es die Not benutzt, um eine Tugend daraus zu machen. Dabei hat Driesch aus dem großen Gebiet, das er bearbeitet und beherrscht, nur weniges erzählt.

Ich will Sie nicht mit Einzelheiten belasten, sonst könnte ich eine Menge Dinge von der Schöpferkraft dieses Es erzählen, wie es Gewebe baut und Organe, Augen, deren wunderbare Struktur alles übertrifft, was je ausgedacht und von künstlerischen oder sonstigen Genies geschaffen worden ist, Ohren, die feiner gebaut sind – schon allein, weil sie lebendig sind – als die besten Instrumente der Akustik, die Hand, deren Beschreibung durch einen dichterisch begabten Forscher wie Bell schon das Entzücken jedes Menschen hervorruft, Kanalisationen, Filter, Gewölbe, lebendig bewegte Farben, Organe, die das Leben auf Jahrtausende, vielleicht auf ewige Zeiten weitergeben: das alles und mehr lasse ich beiseite und richte Ihre Aufmerksamkeit nur auf das eine: das Es, die wirkende, schaffende Kraft des Menschen, sein Wesen, sein Es gibt ihm das Gehirn und erhält es ihm, läßt es denken, schreibt ihm die Gedanken, Wünsche, Neigungen vor, macht den Menschen so, daß er Bewußtsein hat. Es zieht aber auch die Grenzen dieses Bewußtseins. Das Es gibt dem Menschen das Ichgefühl, das Es läßt ihn erfinden, dichten, sprechen, aufrecht gehen, sehen, hören, bauen, läßt ihn krank werden, heilt ihn, wählt ihm das Weib, bestimmt den Samenfaden, aus dem sein Kind entsteht: das Es ist allmächtig, es bestimmt jede Einzelheit des Menschenlebens, das Größte und das Kleinste, ohne daß das Ich des Menschen, sein Bewußtsein, sein Wille das geringste daran ändern kann.

Der Beruf als Arzt hat mich mitten in ein Geschehen hineingestellt, das deutlich, deutlicher als sonst wohl, spricht: Der Mensch, isolierst du ihn aus dem All, ist ein Mikrokosmos, ein Es, durch dessen vom Makrokosmos, vom All gegebene Ordnung jeder freie Wille, jede Spur von Wählen oder Entscheiden ausgeschlossen ist: dieses für jeden, der sehen will, sichtbar gebundene Geschehen ist die Krankheit. Nicht der bewußte, angeblich frei wollende Menschenteil entscheidet über Krank oder Gesund, sondern die bedingte, notwendige Ordnung des Es macht krank oder gesund. Das ist eine Binsenwahrheit, denn niemand nimmt wohl an, daß sich der Mensch mit bewußter Absicht, freiwillig den Tuberkelbazillus aussucht, um an ihm zu erkranken. Selbst der Versuch, sich künstlich, durch irgendwelches Gift, durch eine Kugel, durch Öffnen der Pulsader, durch Hinausspringen aus einem Fenster krank zu machen oder sich zu töten, gelingt nur dann, wenn das Es die Erlaubnis dazu gibt, weil es mit Erkrankung oder Tod eine Not wenden will. Der Selbstmord ist ebensowenig ein Resultat des freien Willens wie etwa eine Lungenentzündung. Und es ist ein Irrtum anzunehmen, daß man mit Hilfe frei gewollter Energie Krankheiten überwinden könne; jeder Todeskampf beweist, daß solche Ansichten nur Ausflüsse der dem Menschen von Natur eingepflanzten maßlosen Eitelkeit sind.

Auch für den Zufall ist kein Raum in der geordneten, notwendigen, bedingten und sich selbst bedingenden Welt des Es. Was so aussieht, etwa Unfälle, Infektionen, Kriegsverletzungen, läßt sich in jedem einzelnen Fall bei genügend geduldiger Untersuchung auf Freuds Wegen der Psychoanalyse als vom Es gewollt nachweisen, wobei ich wiederum betonen möchte, daß auch das Es nur scheinbar freien Willen, Allmacht besitzt, letzten Endes aber von kosmischen Zusammenhängen geleitet wird. Das Wort: Für mich ist noch keine Kugel gegossen, das bei so vielen wunderbaren Rettungen aus Schlachtengefahr gesprochen worden ist, hat einen Sinn; weder Zufall noch freier Wille entscheiden über Not und Tod, ja beide sprechen nicht einmal mit, denn sie existieren nicht. Wenn das Es verwundet werden will, sucht es die Kugel auf, wenn es nicht verwundet werden will, wird es nicht verwundet, und wenn die Kugeln so dicht fliegen wie Hagelschauer. Das Es, das die Verwundung nicht will, gestattet seinem Menschen, dieser seiner Erscheinungsform nicht, in den Kugelregen hineinzugehen, läßt ihn vorher abkommandieren oder schickt ihm auf dem Marsch eine Ohnmacht, oder läßt ihn desertieren.

Um nicht mißverstanden zu werden, füge ich hier eine kurze Bemerkung ein, warum ich von einem Es spreche, wenn es ein solches Es nicht gibt. Das geschieht, weil diese Fiktion, dieses Produkt meiner schweifenden Arztphantasie einen außerordentlichen praktischen Wert besitzt. Seit Freud die Lehre von dem Unbewußten aufgestellt hat, ist uns Ärzten die Möglichkeit gegeben, uns mit bewußter Entdeckerfreude in einem weiteren Kreise ärztlichen Handelns zu bewegen, als es früher möglich war, da wir in den kreuz und quer laufenden, sich fortwährend überschneidenden Linien des bewußten Lebens und des Zufalls umherirrten; es ist eine Möglichkeit da, ein wenig das Chaos ärztlichen Denkens zu ordnen, und zwar mit Hilfe des fiktiven Begriffs des Es. Da ich tausendfach in Wort und Schrift den Ausdruck „Es" benutze und benutzt habe, so wird man nicht ungeduldig werden, wenn ich auseinanderzusetzen suche, daß man gerade mit Hilfe dieser Fiktion wie mit einem neu eingeführten Instrument, etwa mit einem besonders scharfen Mikroskop, von praktischer Seite her den allerdings überflüssigen Beweis der doppelt gebundenen Willensunfreiheit des Menschen führen kann. Wer sich mit dem Unbewußten und weiter mit dem Es beschäftigt, dem geht es wie dem Denker und Erkenntnisphilosophen: er findet keinen Raum für Willensfreiheit oder überhaupt für Freiheit. Alles sieht er bedingt, notwendig, geordnet. Auf dem Wege der praktischen Erfahrung oder, um es noch mehr einzuschränken, auf dem Wege meiner ärztlichen Tätigkeit bin ich zu dem gleichen Resultat gekommen wie Driesch: es gibt keine Freiheit. Daß er sich die Freiheit des Neinsagens vorbehalten hat, halte ich für eine Folge seines Menschseins, seines Unterworfenseins unter die Gesetze des Es, und ich gebe ihm gleichzeitig zu, daß mein Glaube an die Notwendigkeit und an die Ordnung ebenso eine Folge meines Menschseins, ein Gehorsam gegen das Es ist.

Das Es ist allmächtig; ich gab schon vorher die Beschränkung dieses Satzes; die Allmacht des Es ist bedingt durch die Dinge, durch das All. Aber damit, daß wir den Menschen aus dem All, aus seiner Bedingtheit durch das All herauslösen – und das ist, so unerwartet Ihnen auch diese Behauptung kommen mag und so gefährlich sie Ihnen erscheinen mag, weil sie alle Schuld und Verantwortung zu zertrümmern scheint – ach, täte sie es nur –, das ist die dauernde Einstellung des menschlichen Gehirns, zu der es immer wieder zurückführt, wenn es für Augenblicke in das Weltall hineingeschaut hat – damit, daß wir ihn aus dem All herauslösen, machen wir ihn nicht frei. Er verfällt der Gewalt des Es. Nochmals: Das Herauslösen an sich ist ein Fehler im Denken. In Wahrheit darf man und braucht man nicht von Allmacht, weder von der des Es noch des Alls, noch Gottes zu sprechen; es ist alles notwendige, geordnete Bedingtheit.

Ich bin am Schluß meiner Ausführungen. Aber gerade an diesem Schluß erhebt sich düster und undurchdringlich die Frage: Wenn es denn wahr ist – und ich halte es für wahr –, daß der Mensch nur das denken kann, was ihm sein Es zu denken vorschreibt, was er seinem Wesen nach denken muß, wer gibt ihm dann Gewißheit über dies eine Ding, das alles in sich schließt, das All? Kann der Mensch etwas andres denken, als seinem Wesen gemäß ist? Nein. Kann er anders leben und erleben, als seinem Wesen gemäß ist? Nein. Muß er nicht alles, auch das All, auch Gott seinem Wesen gemäß umgestalten? Ja. Bedingt er nicht selbst alle Dinge seinem Wesen gemäß? Ja. Wäre es nicht möglich, daß alles in Wahrheit anders ist, daß wir alles, der Organisation unsers Es folgend, umschaffen? Es ist möglich.

So wäre denn doch in gewissem Sinne der Mensch sein eigenes Schicksal.

Das Problem der Freiheit ist nicht zu lösen. Ich bin nicht imstande, etwas andres darüber zu sagen als: Wir wissen, weil wir Menschen sind, daß es Freiheit nicht gibt; wir glauben, weil wir Menschen sind, daß es Freiheit gibt. Wir sind durch unser Es gezwungen, zu wissen und zu glauben.

Und da ist zu guter Letzt der Zwang, und den erkenne ich nicht an. Wie aber soll ich ihm entgehen? Es gibt nur ein Mittel dagegen, das ist, sich ihm fügen, es dem Kinde gleichzutun, so zu tun, als wäre freier Wille, was in Wahrheit Zwang ist, gleich dem Kinde, ernst und mit ganzer Seele mit dem Leben zu spielen.

Der Spruch: So ihr nicht werdet wie die Kinder, werdet ihr nicht in das Himmelreich kommen, hat für mich eine unwiderstehliche Anziehungskraft.

(ERZIEHUNG)

Wer in der Arche Meinungen kundgibt, setzt – so nehme ich an – voraus, daß wenigstens der Führer des Schiffs diese Meinung anhört und zu verstehen, wohl auch darauf zu antworten sucht. In der Stimmung, in der ich jetzt schreibe, sind es zwei Worte, die immer wieder in meinem Gehirn auftauchen: Verantwortlichkeit und Erziehung: dagegen weckt das Wort „Willensfreiheit" keinen Widerhall in mir, heut nicht, obwohl ich einsehe, daß es einen Sinn hat, Verantwortlichkeit und Erziehung mit Willensfreiheit in Verbindung zu bringen.

Wie ist es nun eigentlich mit der Erziehung? das ist eine Frage, die mir tausendfach gestellt wird, oft genug mit dem Zusatz: soll man versuchen zu erziehen oder soll man es nicht? Und ab und zu nimmt man mir die Antwort vorweg und sagt: es scheint, daß Sie nichts von Erziehung halten.

Soll man erziehen? Da ist das verhängnisvolle „Du sollst". Nein, du sollst eben nicht, aber du erziehst, du kannst gar nicht anders als erziehen. Du sollst tun, das bedeutet, du bist Herr der Zukunft oder wenigstens, du lebst in Zukunftsgedanken mit der bewußten oder unbewußten Idee, daß du Einfluß auf die Gestaltung der Zukunft hast; du tust, diese beiden Worte enthalten eine Betrachtung, sind Erkenntnis, Gegenwart. Meiner Denkweise nach bin ich auf das „du tust" eingestellt, nicht auf das „du sollst tun". Für mich ist die Frage: soll man erziehen oder soll man nicht erziehen unbedeutend, mir bedeutet es etwas, daß man erzieht, daß das Erziehen eine notwendige wesentliche Eigenschaft des Menschen ist, daß er, ebenso wie er eine Haut hat und ein Herz, auch das Erziehen als Eigenschaft besitzt. Und ebenso, wie ihm das Wesen der Haut oder des Herzens unverständlich ist, wie er nur ihre Existenz feststellen und je nach seinen Kenntnissen, nach der Beschaffenheit seines Es sich irgendwelche Zusammenhänge zurechtdenkt, sich irgendein Bild macht von Haut und Herz, wobei er sich nur selten klarmacht und klarmachen kann, daß ein Bild etwas andres ist als der Gegenstand, den es darstellt, ebenso denkt er sich irgend etwas über den Wert seiner erzieherischen Tätigkeit zurecht, macht er sich ein Bild von den Wirkungen, die er auf andre Menschen, auf seine Zöglinge, zu denen alle ihm begegnenden Menschen gehören, ausübt. – Wir wissen nichts über unser erziehendes Wirken, wir können nichts darüber wissen, aber wir erziehen ohne Unterlaß: ob es zum Guten oder zum Bösen für unsre Zöglinge ausgeht, können wir, so sehr wir uns Mühe geben, nicht beurteilen. Wir erziehen nicht, weil wir Gutes tun, nützlich sein wollen, sondern weil es unsre Natur ist, ausnahmslos jedes Menschen Natur.

Die Frage lautet, richtig gestellt, nicht, wie soll man erziehen, sondern wie erziehe ich, wie wirkt dieses Wesen, das sich mir unter dem Wort Ich darstellt, auf den andern im gegebenen Moment und am gegebenen Ort; wie ist dieses Ich beschaffen, handelt es nach Vernunft und mit Bewußtsein, planmäßig oder geleitet von unbekannten Kräften? Die Antwort, die ich geben kann, ist die eine, einzige Antwort, die überhaupt gegeben werden kann: Nicht mein Wille, sondern dein Wille geschieht.

Erkenne dich selbst! Der Form nach ist es eine Aufforderung, eine Mahnung, nach Selbsterkenntnis zu streben; in Wahrheit ist es aber nur eine Feststellung der Tatsache, daß der, der einige Kenntnis von sich hat, ein besonderes Instrument in der Hand des Alls, Gottnaturs ist, daß er besondere Kräfte hat, Wirkensmöglichkeiten, die ähnlich allen Menschen in einem bestimmten Alter verliehen sind, den Kindern. Die besten Erzieher sind die Kinder, und: So Ihr nicht werdet wie die Kinder, so werdet Ihr nicht in das Himmelreich kommen.

Selbsterkenntnis ist nicht Kenntnis unsers Ichs, sondern unsers Selbsts, unsers Es. Und es besteht für mich kein Zweifel, daß der Mensch, solange sein Ichbewußsein noch schwach ist, mehr von seinem Selbst, von seinem Es weiß, als von dem Zeitpunkt an, wo er das verhängnisvolle Wort „Ich" gebraucht. Das Wort Ich ist eine Brille – eine unentbehrliche, nicht zu vermeidende Brille, die uns zwingt, alle Dinge, vor allem unser Selbst verzerrt, entstellt oder verschönert zu sehen, die Gottnatur uns gab, damit wir nicht sind wie Gott.

Es ist nicht jedem gegeben, kindlich zu sein, und die, denen ein gewisses Maß der Kindlichkeit gegeben wurde, haben kein Verdienst daran, ebensowenig wie der Hammer ein Verdienst daran hat, daß er Hammer und nicht Glocke ist. Es ist nicht zu allen Zeiten erlaubt, sich selbst zu kennen. Freue sich ein jeder, der Augenblicke der Selbsterkenntnis hat. Wenn das, was mir zuweilen zuteil geworden ist, Augenblicke der Selbsterkenntnis gewesen sind und nicht etwa solche der Selbsttäuschung, so kann ich nur sagen, daß in solchen Augenblicken Dinge enthalten sind, die zum Glauben zwingen, zum Glauben an sich selbst; nicht an das Ich, es ist nicht ein stolzer selbstzufriedener Glauben, sondern eine Einsicht, die wohl einzig und allein mit dem Wort Glauben wiedergegeben werden kann.

Der größte König der Menschheit ist das Kind. Wer mächtig zu werden wünscht, – und wer wünschte das nicht – der geht zu den Kindern und läßt sich von ihnen erziehen; denn ihrer ist das Himmelreich.

Habe ich damit eine Antwort darauf gegeben, ob man erziehen soll und wie man erziehen soll? Nach meinem Empfinden: ja. Man soll nicht erziehen, man erzieht fortwährend; darin besteht das Leben. Wie man erzieht, wissen wir nicht, da wir aber ohne Unterlaß erziehen, in jedem Augenblick des Lebens, in jeder Sekunde, ohne es zu merken oder zu bedenken, so hat es nur für die Sinn, sich über die beste Art der Erziehung den Kopf schwer zu machen, die sich aus irgendwelchem Mißverstehen des Lebens heraus berufen fühlen, das Ich als den Lebensführer zu betrachten, gut zu sein, nach dem Guten zu streben. Aber es ist nicht wahr, daß wir wissen, was gut und böse ist; die Schlange hat uns das weisgemacht. Für unser tiefstes Wesen bleibt es dabei: an sich ist nichts weder gut noch böse, das Denken macht es erst dazu; und in der Marienhöhe, wo sonst wenig verboten wird, ist das Denken verboten.

Und nun die Verantwortlichkeit. Mit der ist es dasselbe: sie ist eine Eigenschaft des Menschen; das Gefühl, verantwortlich zu sein, gehört zum Menschen; lediglich die Form des Verantwortungsgefühls wechselt, so daß sich der eine so, der andre anders verantwortlich fühlt, genau so, wie der eine eine helle und der andre eine dunkle Haut hat. Man versuche es doch einmal, sich nicht verantwortlich zu fühlen: es geht nicht. Bis zu einem gewissen Grade kann man diese Eigenschaft menschlichen Seins verdrängen, aber es ist kein wesentlicher Unterschied, ob das Verantwortungsgefühl sich in Gewissensbissen oder im Streben äußert, im Kranksein oder in der Musik, in einem Laster oder in einer Tugend. Das alles sind lediglich Namen, Aufschriften, mit

denen wir ungefähr bezeichnen, ob der Inhalt des Gefäßes berauscht oder erquickt, ob Wein darin enthalten ist oder ein Digitalisdekokt, Gewohntes oder Ungewöhnliches.
Mein Beruf ist nicht zu erziehen, ist auch nicht zu helfen, ist auch nicht, Verantwortungen zu geben oder zu nehmen: der ärztliche Beruf hat nur mit dem Augenblick zu tun, der Arzt hat zu sein, nicht zu handeln. Je mehr das Sein hervortritt, je mehr er ist, statt zu handeln, um so leichter wird es dem Kranken sich seiner zu bedienen.
Wir sollen nicht, wir sind.

(EINE ABBITTE)

Ich habe nie etwas von ihr gelesen, aber wenn ich ihren Namen hörte oder irgendwo eins ihrer Bücher sah, höhnte meine anmaßende Bildung, und ich kam mir erhaben vor. Ich bitte ab.
„Die modernen Schriftsteller geben dem Volk nicht, was es haben will. Sie öden die Leute mit ihrem eigenen Elend und ihrer Wirklichkeit an, sie wollen das Volk ertüchtigen, ihm jede Poesie, jedes Märchenhafte wegnehmen. Das fühlt das Volk, es will etwas anderes haben, es will keine Realistik, kein Grauen. Ich muß meinen Leuten etwas bringen, wodurch sie aus allem Elend befreit werden, das ist das Geheimnis meines Erfolges. Das gute Ende ist ein so unerhörtes Glück im Leben, daß es so gut wie gar nicht eintrifft, aber weil meine Leute sich an die Hoffnung klammern, lasse ich es immer gut ausgehen. So schlimm, wie das Leben ist, kann man es gar nicht schildern. Alle wollen das Volk mit Kaviar füttern, das Volk sagt, das ist 'ne Schmiere, Heringsrogen ist dasselbe. Ja, lieber Gott im Himmel, unsere Zeit ist so arm an Idealen, was ist das ganze Leben ohne Poesie und Ideale?
Ich lehre die Leute erst lesen; wenn sie das gelesen haben, was ich schreibe, wagen sie sich an ein besseres Buch, an literarische Sachen. Es gibt so viel Literatur und so wenig Leute, die fürs Volk schreiben, gäbe es mehr, hätte ich selbst nicht den großen Erfolg."
Ist das nicht herrlich? – Wer hat es gesagt? Frau Courths-Mahler.

„Heutzutage bin ich selbst eine komische Figur", sagt sie in anderm Zusammenhang. „Ich war mehrmals im Kino, die Leute lachen zuerst, wenn sie mein Bild in der Wochenschau sehen, zuerst lachen einige, dann klatschen aber viele. Wenn Schriftsteller einen billigen Witz machen wollen, dann ist es immer über Courths-Mahler." Als ich das las, schämte ich mich. „Wer selbst etwas kann, hat mich nie angefeindet." Dabei habe ich eine warme Freude empfunden.

Frau Courths-Mahler hat recht, und wir hochmütigen Geschmäckler haben tausendmal unrecht; sie ist uns tausendmal überlegen, sie kennt ihre Grenzen, ist wahr. Und wer von uns dürfte das von sich sagen? Wer von uns bleibt innerhalb seiner Grenzen? Wer von uns kann so schreiben, daß das Volk, wirklich das Volk sein Geschreibe liest?

Ich habe doppelt Ursache, abzubitten, weil ich im Grunde meiner Seele schon längst weiß, daß all unser literarischer Hochmut nicht echt ist, daß sich dahinter die Unfähigkeit verbirgt, daß wir nicht können, was Frau Courths-Mahler kann. Was nottut – das wissen wir alle –, ist der Dichter, der das Volk versteht und den das Volk versteht; noch ist er nicht da, aber wenigstens gibt es Schriftsteller, die noch genug Volkssinn haben, nur leider, wir gehören nicht dazu. Man hat dem Volke das Buch weggenommen – wir alle haben uns an diesem Diebstahl des Besten, was das Volk hatte, beteiligt –, aus dem es sich nahm, was zu ihm paßte, die Bibel. Da wir nichts gaben, was allenfalls den schweren verhängnisvollen Verlust ersetzen mochte – selbst unsre großen Dichter gaben dem Volk nichts, rein gar nichts –, so ist die Frage erlaubt, ob nicht Schriftsteller von der Art der Frau Courths-Mahler viel gerechteren Anspruch auf Ehren und Anerkennung haben als wir halben Menschen, die weder reif genug sind, um für die wenigen Reifen zu schreiben, noch Kind genug, um für das Kind Volk den Erzählton zu finden.

Im Grunde meiner Seele, sagte ich, weiß ich das längst, und ich habe dieses Wissen gelegentlich im Gespräch über einen andern vielgeschmähten Volksschriftsteller, Karl May, geäußert. Da ich nie etwas von Frau Courths-Mahler gelesen habe, kann ich nicht sagen, was sie für das Volk so anziehend macht; ich vermute aber, daß es mit ihr dasselbe ist wie mit Karl May, daß sie eine Seite des Menschlichen, die bei uns Ästheten in die Verdrängung geraten ist, während der naive Mensch sie noch unbefangen lebt, offen zu zeigen vermag. Mit andern Worten, ich nehme an, daß sie wahrhaftiger ist, als wir es sind, ebenso wie ich Karl May trotz seines erstaunlichen Lügens für wahrhaftiger halte, als es tausend und abertausend gepriesene Schriftsteller sind. Unsereins denkt zuviel, hat zu viel Absicht, wir wollen zu viel und können zu wenig. Karl May, vermutlich auch Frau Courths-Maler, geben sich selbst, schlecht und recht, wie sie sind, sie wollen nicht schöne Kinder in die Welt setzen, sondern sie wollen nur gebären, sich vermehren. Sie sind Naturen, wollen nicht mehr sein, und ich denke, das ist genug. Jedenfalls ist es für mich mehr als der Wunsch, Künstler zu sein, wenn einem nicht mehr zur Verfügung steht als Talent. Die Kunst ist keine Frage des Talents.

Im Anschluß hieran möchte ich ein kleines Erlebnis erzählen, das ich vor etwa sechzehn Jahren hatte. Damals existierte hier in Baden-Baden ein Volks- und Diskussionsklub. Ich beteiligte mich an den Debatten lebhaft, erntete bald Beifall, bald harten Tadel. Eines Tages hielt ein Herr – er war, so viel ich weiß, irgendwie eine Art Jugenderzieher von Beruf, ein Gymnasialprofessor, glaube ich, soll aber später etwas wie ein Sachverständiger über das, was schmutzige und schundige Literatur ist, geworden sein, wozu ich der Nation herzlich Glück wünsche –, hielt, sage ich, in diesem Klub eine donnernde Rede gegen den Schmutz und Schund in der Literatur; er erntete seinen wohlverdienten Beifall. Ich weiß nicht, welcher Teufel mich ritt, ich meldete mich zum Wort und versuchte, die billige Weisheit in längerer Rede mit Ernst und Hohn zuzudecken. Das Publikum, das sonst gern jede Gelegenheit benutzte, seine Hände zu regen, blieb eisig schweigsam und der Sachverständige für Schmutz und Schund kanzelte mich zunächst als Menschen ab, entzog mir dann aber moralisch die Qualifikation als Arzt. Das ist mir oft auch anderwärts und bei andern Gelegenheiten geschehen, aber selten so mit Unrecht. Denn ich bin noch heute der Ansicht, daß der Mensch zu seinem Wohlergehen und um schaffen zu können eine gehörige Portion seelischen und körperlichen Dreck braucht, unmoralische Aufregung und moralische Entrüstung, Verfolgung und entsetzliche Gefahr der Unschuld, vorübergehenden Triumph des Bösen mit nachfolgender furchtbarer Strafe, Aufregung. Mit andern Worten, ich glaube, daß das Volk die Schundliteratur braucht; nimmt man sie ihm, so wird nach und nach noch viel tolleres Zeug geschrieben und gelesen oder in Szene gesetzt werden, eventuell inmitten des Lebens mit Bomben und Granaten. Der Mensch hat Dreck in sich und mit Recht. Man kann ihn zwangsweise eine Zeitlang an der Entleerung verhindern, irgendwann macht sich aber die Natur geltend, und bei solchem künstlichen Abschaffenwollen des notwendigen Vorgangs kann es leicht zu Explosionen außerhalb der von der Sitte dafür festgesetzten Örtlichkeiten kommen.

(DER MENSCH, NICHT DER KRANKE BEGEHRT HILFE)

Wer das sechzigste Lebensjahr überschritten hat, tut gut daran, zu sammeln und mitzuteilen, was er weiß oder zu wissen glaubt. Wenn ihm das Glück günstig ist, findet er die Form, die ihm gemäß ist: dem einen steht es, sich in das feierliche Gewand ernsten Strebens zu hüllen, ein zweiter redet sein Sprüchlein, bedeutsam mit erhobenem Zeigefinger den Wert seiner Weisheit betonend, ein dritter plaudert, will unterhaltend lehren; ich aber kann nichts andres tun, als mit mir selber sprechen: das ist die Art, in der ich von frühester Kindheit an mich äußern mochte.
Was geht in mir vor, wenn mir, dem Arzt, der Mensch als Kranker gegenübertritt? Es ist nicht anders, als es bei andern Ärzten sein wird: ich suche zu erkennen, was das für ein Mensch ist, der von mir Hilfe begehrt. Damit bin ich schon mitten in der Untersuchung und Behandlung drin, das Entscheidende ist schon geschehen: denn entscheidend ist, daß ich mit einem Menschen zu tun bekomme, daß dieser Mensch leidet und von mir Hilfe verlangt. Ob dieser Mensch im Sinne der üblichen medizinischen Wissenschaft krank ist oder nicht, hat mit dem, was zunächst vorgeht, nichts zu tun; es ist unwesentlich, ob ich als Arzt ihn

für krank halte oder nicht, er erwartet von mir nicht Kenntnisse, sondern helfende Tat. Nicht der Krankheit soll geholfen werden, sondern dem Menschen. Nicht mit der Krankheit habe ich es als Arzt zu tun, sondern mit dem Menschen.

Der Gedanke, daß der Arzt eine Diagnose stellen müsse, um helfen zu können, beherrscht immer noch das Handeln des Arztes, obwohl allmählich andre Auffassungen Geltung bekommen; dem Denken der Allgemeinheit aber ist es unbegreiflich, daß man ärztlich tätig sein könne, ohne sich um die Diagnose, um die Feststellung der Krankheit zu kümmern; selbst den Laienarzt, den Pfuscher, wie der Sprachgebrauch zu sagen pflegt, zwingt das Wünschen des Publikums dazu, von der Krankheit des Menschen als von etwas Wesentlichem zu sprechen. Es wird noch Jahrzehnte dauern, ehe es üblich wird, Diagnosen des Menschen zu stellen. Fachmännische Irrtümer – und um fachmännischen Irrtum handelt es sich bei unsrer Art des Diagnostizierens – leben noch lange weiter, nachdem sie von den Fachmännern als Irrtümer erkannt sind; sie sind zähe Massen, träge und schwer umzubringen. Gerade deshalb muß, wer es mit seinem Beruf ernst nimmt und Freude daran hat, immer wieder bis zum Überdruß sagen: Die Diagnose der Krankheit hat nur einen sehr geringen Wert, ist meist entbehrlich und oft, sehr oft schädlich. Daß man den Menschen erkennt oder vielmehr errät – von Erkennen kann kaum je die Rede sein – ist notwendig. Der Arzt hat nicht das geringste mit Krankheiten zu tun, das ist Sache des Pathologen, der Arzt als Arzt hat nur mit dem einen bestimmten Menschen zu tun, der sich um Hilfe an ihn gewendet hat, alles übrige geht ihn nur so weit etwas an, als er es zur Behandlung brauchen kann. Einzig und allein drei Tatsachen sind zur Einleitung der Behandlung zu beachten: der Mensch, der behandelt werden soll, sein Hilfesuchen und sein Verhältnis zu dem Menschen, bei dem er Hilfe sucht. Das sind die Gegenstände des diagnostischen Forschens; alles andre ist demgegenüber nebensächlich.

Man sollte denken, daß es leicht sei, nach dieser Anweisung zu verfahren; dem ist nicht so. Man könnte im Gegenteil sagen, daß solch Diagnostizieren die schwerste Aufgabe des Arztes ist, ja daß diese Aufgabe vollständig zu lösen unmöglich ist. Daß sie so schwer ist, erklärt die Tatsache, daß gerade diese Aufgaben der Diagnostik gewöhnlich vernachlässigt werden. Die Aufmerksamkeit des Arztes gilt fast immer zunächst der Feststellung des Leidens – er untersucht – und der Feststellung dessen, was sich etwa gegen das Leiden tun läßt, wie man es bekämpfen kann. Daß der einzelne Mensch erraten werden soll, mit allen Mitteln, mit vielem Fleiß, in möglichst allen Lebensbeziehungen, daß der Arzt nicht mit Krankheiten, auch nicht einmal mit kranken oder leidenden Menschen zu tun hat, sondern mit Hilfesuchenden, die vielfach, meist, nicht krank sind oder bei denen das Kranksein etwas Nebensächliches ist, daß von dem Augenblick an, wo der Hilfesuchende dem Helfer gegenübertritt, etwas ganz Neues entsteht, das Wichtigste für Diagnose und Behandlung: das Verhältnis von Hilfesuchendem zu Helfer und umgekehrt, das wissen nur wenige und die es wissen, können ihr Wissen nur selten verwenden; denn sie sind keine Götter, sie tragen in sich den Feind alles Arzt- und Gottseins, die Eitelkeit.

Ich hoffe, man versteht, daß ich von mir gesprochen habe, als ich so heftig tadelte. Von wem sollte ich sonst wohl sprechen, da ich so wenig, so nichts vom andern weiß? Ich bin alt genug – ich sagte es schon, um von mir, ausschließlich von mir sprechen zu dürfen. Das bitte ich nicht zu vergessen: es sind Selbstgespräche, die ich hier niederschreibe.

Vergiß nicht, daß es ein Mensch ist, der da zu dir kommt! Erinnere dich, was du vom Menschen weißt, und die erste Tugend des Arztes, Bescheidenheit, wird dir von selbst zufallen; denn dir ist bekannt, wie wenig du weißt. Gewiß, du kannst sagen, da ist jemand, der ist weder Stuhl noch Teppich, weder Tier noch Blume, weder Stein noch Holz. Aber ist es auch wahr, was du da sagst? Nein. Der da ist in Wahrheit auch Tier und Blume, Stein, Holz, Teppich und Stuhl. Hüte dich, wenn du ihn jetzt aus seinem Zusammenhang mit dem All herauszulösen dich unterfängst, daß du nie vergißt, wieviel Fehler schon dieser Versuch der Isolierung mit sich bringt und mit sich bringen muß, Fehler, die, tausendfältig begangen, schon so viel Schutt um dich aufgehäuft haben, daß es all deiner Kraft bedarf und all deiner Größe, um über den Haufen hinwegsehen zu können. Wenn du den Menschen isolierst, von ihm sagst, er ist nicht Tier und Blume, Stein und Holz, so bist du wie ein Mensch, der sein Leben lang nichts andres tat, als durch ein Mikroskop sehen: der ist in Gefahr, Himmel, Erde, Sterne wegzuleugnen, die er ja nicht durch das Mikroskop betrachten kann. Gedenke also dessen, daß der Mensch, den du vor dir hast, eine willkürliche Schöpfung deines Mangels an Einsicht ist, daß er gewiß nicht so ist, wie du ihn zu sehen glaubst, daß du nur eine kümmerliche Wahrscheinlichkeit aussprichst, wenn du dekretierst: dieser Mensch ist so und so beschaffen.

Freilich, es bleibt dir nichts andres übrig, wenn du behandeln willst, als diesen unvermeidlichen Fehler zu machen, aber du sollst wissen, daß es ein Fehler ist, sonst stehst du noch unter dem einfachsten Indier in deiner Einsicht. Im übrigen entschließe dich zum wissenschaftlichen Irren; das Leben ist stark und läßt dich nicht daran scheitern, daß du unwissend bist. Aber nun sei auch weiter ehrlich und gesteh dir ein, daß du auch dieses isolierte Stück Welt vergewaltigst, wenn du es als in sich verbundne Einheit betrachtest. Dem ist nicht so. Du weißt es, diese von dir erkünstelte Einheit ist eine tausend-millionenfache Vielheit, ein Konglomerat unzähliger und unmeßbarer in sich unabhängiger und doch vom ganzen Menschen bedingter Vielheiten. Jede Zelle, jeder Zellenkern, jedes winzige Teilchen lebt sein eignes Leben. Bist du Narr genug, wissen zu wollen, wenn man nicht wissen kann?

Ja, ich bin kühn genug zu wissen, trotz alledem, genau so wie jeder kühn genug dazu ist, kühn genug mich zu irren, nur irre ich wissentlich, nur besinne ich mich manchmal darauf, daß ich mich irre. Und solch Besinnen ist viel wert. Die Gefahr des Menschen ist seine Eitelkeit, seine Gefahr und seine größte Stärke. Wer es nicht begreift, dem ist schwer zu helfen.

Den Menschen soll man diagnostizieren, möglichst viele Breiten, Tiefen, Flachheiten und Engen seines Wesens, das, was allen Menschen gemeinsam ist und das, was dem einzelnen allein eigentümlich zu sein scheint, welch letzteres allerdings dem alternden Blick immer mehr zusammenschrumpft. Seine Gestalt und die Form seiner Glieder und Teile innen und außen, seine Funktionen vom Atmen, Schlafen, Bewegen, Verdauen, Herzschlagen an bis zum Sprechen, Denken, Empfinden. In tausend Sprachen spricht da das Es zu uns, laut und stumm, zaghaft und vorlaut frech, in wohlgefügten, leicht verständlichen Perioden und in raschen Interjektionen, und zuweilen in einem Kauderwelsch, das kindisch oder irrsinnig gar klingt, dem der rechte Sinn aber trotzdem abzulauschen ist. Dazu gehört zuweilen auch eine physikalische oder chemische Untersuchung, eine Röntgenaufnahme, ein Behorchen des Herzens, Beklopfen der Brust, Durchleuchten verborgener Höhlen und was es sonst noch für ärztliche Untersuchungsmethoden geben mag; aber all diese Dinge, die den Arzt auszumachen scheinen, sind nur gelegentliche Notwendigkeiten, bedeuten nicht allzuviel in dem ärztlichen Handeln, sind meistens entbehrlich und dürften niemals leitend in der ärztlichen Tätigkeit sein, geschweige denn sie erschöpfen. Nicht jeder, der zum Arzt kommt, verlangt Hilfe gegen seine Krankheit, die meisten suchen nur Hilfe irgendwelcher Art, den meisten ist nicht viel geholfen, wenn die Erkrankung heilt.

Der Mensch, nicht der Kranke, sucht den Arzt auf, der Mensch, nicht der Kranke begehrt Hilfe. Wohl ist es oft der kürzeste und leichteste Weg zu helfen, wenn man sein Kranksein anpackt, aber es muß nicht sein; denn das Kranksein ist nur eine Äußerungsform des leidenden Es, das laut sein Kranksein betont, damit es um so besser sein tiefstes Geheimnis verbergen kann.

Den Menschen erforschen, das drängt sich immer wieder als letzte wichtigste Aufgabe des Arztes vor, und an dieser Aufgabe hat unser Forschen im letzten Jahrhundert herzlich wenig gearbeitet. Ja man kann ohne Bedenken sagen, daß wir vieles vergessen haben, was unsre Altvorderen wußten, und was für den Arzt – wohl auch für den Gelehrten, obwohl ich mir kein Urteil über diese seltsame Menschengattung anmaße – dringend wissenswert ist.

Der Mensch ist nicht immer derselbe, das weiß ein jeder, er wandelt sich fortwährend; wer aber denkt daran, daß er sich fortwährend wandelt? Wer scheut sich aus diesem Grunde davor, eine Diagnose zu stellen; und doch wissen wir alle um diesen ununterbrochenen Wechsel im Bestande des Menschen. – Gewiß, wir verfolgen den Verlauf der Krankheit und verändern unsre Diagnose, wenn die Symptome uns zwingen, den Fall unter ein andres nosologisches Etikett zu bringen, ihm einen andern Krankheitsnamen zu geben. Aber es handelt sich ja eben im Arztleben nicht darum, Krankheiten zu erkennen, sondern den hilfesuchenden Menschen, und dessen Wandlung verfolgen wir nicht oder nicht genug. So bleibt uns denn, ganz mit Recht, alles Wesentliche der Menschen verborgen, die sich uns anvertrauen möchten; sie sind uns Patienten, Kranke, nicht Menschen. Das Kranksein ist uns immer noch etwas wesentlich andres als das Gesundsein, wir erkennen da noch immer nicht die Ambivalenz des Lebens an, wir tun immer noch so, als ob Kranksein ein Übel an sich sei, als ob das Es nicht ebenso sublim in der Sprache des Krankseins wie in der des Malens oder Dichtens oder Forschens sei. Wir verstehen noch immer nicht, daß das Es mit dem Kranksein genauso tiefe Gedanken ausdrückt, wie mit den Evangelien und daß es in beiden Formen immer dasselbe verkündet: „Siehe die Größe Gottes und das Wunder Mensch!"

Der Mensch wandelt sich, da ist kein Zweifel; und bleibt doch immer derselbe; auch das weiß ein jeder. Niemand wird einen Menschen mit einem Hunde verwechseln oder mit einer Mücke. Aber auch das vergessen wir, wenn es an das ärztliche Diagnostizieren geht. Sonst wäre es nicht möglich, daß in den ärztlichen Schriften zwei Grundtatsachen fast nie erwähnt werden, die in jede allenfalls redliche Diagnose hineingehören: die eine, daß das Es des Menschen doppelgeschlechtlich ist, daß jeder Mensch Zwitter ist, daß es noch nie einen Nur-Mann gegeben hat oder ein Nur-Weib – und die andre, daß das Es des Menschen zeitlos ist, daß es niemals Kind oder Erwachsener oder Greis ist, sondern stets alles drei zugleich, daß aber, wenn man die drei Entwicklungsstufen ihrer Bedeutung und Wichtigkeit nach bei dem einzelnen gegeneinander abwägen will, Mannbarkeit und Greisentum so gut wie nichts sind gegenüber dem Kindsein. Man kann getrost den Satz: So Ihr nicht werdet wie die Kinder, werdet Ihr nicht in das Himmelreich kommen, dahin umändern: Da Ihr alle Kinder seid, seid Ihr alle im Himmelreich. Leider nimmt es keiner so leicht wahr, daß er Kind ist; der Zwanzig- und Sechzigjährige ist noch ebenso wie der Sechsjährige von dem Wunsche besessen, groß zu sein, und da das nur selten gelingt, wenigstens groß zu tun; was freilich lächerlich genug ist.

Da ich die Absicht habe, diese Selbstgespräche hie und da mit Beispielen schmackhaft zu machen, will ich ein wenig erzählen. Da ist ein Dienstmädchen, sie klagt über lebhafte Schmerzen in der Herzgegend, man hat sie untersucht, Herzklappengeräusche festgestellt, im Röntgenbild die Vergrößerung des Herzens gezeigt, eine Schmerzhaftigkeit hohen Grades am siebenten Zwischenrippennerv gefunden, die Schwellung der Füße bis herauf zu den Waden gesehen und zur Diagnose verwendet. Eine Mitralinsuffizienz heißt es, auf Deutsch ein mangelhafter Verschluß der Herzklappe. Ruhe, sorgfältige Pflege, Fingerhutkraut innerlich. Weder gegen die Krankheitsnamen noch gegen die Behandlung läßt sich viel sagen. Nur, die Behandlung hilft nicht und die Diagnose, der Krankheitsname ist falsch. Wenigstens ziehe ich diese Schlußfolgerung aus dem weiteren Verlauf. – Das Mädchen hat, wie man es ja nicht allzuselten sieht und wie es nach der Aussage Wissender für bestimmte Männer besonders anziehend ist, einen schwarzen Schimmer auf der Oberlippe, ja, nach einiger Zeit, als sie zutraulicher geworden war, erzählte sie, daß dieser Schnurrbart zu Zeiten rasiert werden müsse, sonst werde ihr Mund zu häßlich. Wäre es nicht ratsam gewesen, der Arzt hätte, ehe er auf den Krankheitsnamen und die Digitalisbehandlung sich einließ, dies deutliche Zeichen der Männlichkeit des Mädchens beachtet? Ihm wäre dann vielleicht aufgefallen, daß der rechte Zeigefinger infolge eines Fingergeschwürs steif geworden war. Wenn er dann noch gesehen hätte, daß dieses entschieden scheue Mädchen einen Bubikopf trug, daß ihr Haar nach Knabenart gescheitelt war, daß sie den Vornamen Friederike führte, wäre ihm vielleicht der Gedanke gekommen, sich ein wenig über das Männliche in diesem Weibe zu unterrichten. Er hätte dann, immer von den Aussagen und dem Verhalten des Mädchens geleitet, wahrscheinlich bald einen Zweifel bekommen, ob das Ausbleiben der Periode seit über einem Jahr wirklich durch den angenommenen Herzfehler bedingt sei oder etwa auch als Aussprechen männlicher Wünsche zu deuten sei. Vielleicht wäre er sogar ketzerisch genug gewesen, ganz gegen alle Regeln der Wissenschaft, die Schwellung der Füße ebenso wie die Steifheit des Fingers als Erektionssymbol aufzufassen, nicht als Folge der fehlerhaften Herztätigkeit. Kurz er hätte sich dann veranlaßt gesehen, den Menschen zu erforschen, und da die Geschichte wahr ist, hätte er bald erfahren, daß dieses Mädchen eine hoffnungslose und ihr Herz und Gewissen quälende gleichgeschlechtliche Liebe hatte. Sie würde es ihm nach und nach erzählt haben, wie sie es mir erzählte, hätte er nur daran gedacht, daß zu den Grundlagen der Diagnose die Feststellung gehört, wie weit die Männlichkeit des weiblichen Hilfesuchenden geht und die Weiblichkeit des männlichen. Zu guter Letzt würde ihn ein neues Röntgenbild, das Verschwinden des Wassers aus den Füßen, der Herzgeräusche, das Wiedereintreten der Periode und das Aufhören der Schmerzen belehrt haben, daß kein Herzklappenfehler bestand. Vor allem aber – und deshalb eigentlich spreche ich von dieser Sache, – er würde erfahren haben, daß dieses Mädchen sich ihre Krankheit gewählt hatte, weil Kranksein, vielleicht sogar Sterben für ihr irregehendes und schlechtunterrichtetes Es leichter zu ertragen war als der unerfüllte und ihrem Gemüt widernatürlich scheinende Trieb zum Weibe.

Für heute mag es genug sein.

Bitte umblättern:

Georg Groddeck

Dr. med. Georg Groddeck (1866–1934) war im wissenschafts- und fortschrittsgläubigen ausgehenden 19. Jahrhundert groß geworden. Das hinderte ihn freilich nicht, auf empirisch-intuitive Weise ärztlich tätig zu sein, spezifische Therapien wie die damals aufkommenden Serum- und Chemotherapie zu verachten und seine Patienten in seiner weithin bekannten Privatklinik in Baden-Baden mit Diät, Massage, balneologischen (bäderkundlichen) Methoden und bald auch psychoanalytisch zu behandeln. Nach seiner entscheidenden Begegnung mit Sigmund Freud wurde er kein orthodoxer Analytiker, dafür aber als einer der Väter der psychosomatischen Medizin des 20. Jahrhunderts wegweisend in der Anwendung psychoanalytischer Methoden bei organischen Krankheiten.

Krankheit als Symbol
Schriften zur Psychosomatik
Band 6396

Der Mensch als Symbol
Band 42174

Die Natur heilt
Die Entdeckung der Psychosomatik
Band 6776

Verdrängen und heilen
Aufsätze zur Psychoanalyse
und zur psychosomatischen Medizin
Band 6791

Sándor Ferenczi / Georg Groddeck
Briefwechsel 1921–1933
Band 6786

Georg Groddeck / Sigmund Freud
Briefe über das Es
Band 6790

Fischer Taschenbuch Verlag

fi 241 / 2